LE NOM DE L'ARBRE

Collection dirigée
par Jean-Paul Capitani et Madeleine Thoby

Cette collection emprunte le titre d'un roman
d'Hubert Nyssen, Le Nom de l'arbre,
paru chez Grasset en 1973

LE BOULEAU

ISBN 978-2-330-01848-1

Conception graphique et réalisation :
Actes Sud

LE BOULEAU

Michel Roussillat

Illustré par Yves Larvor

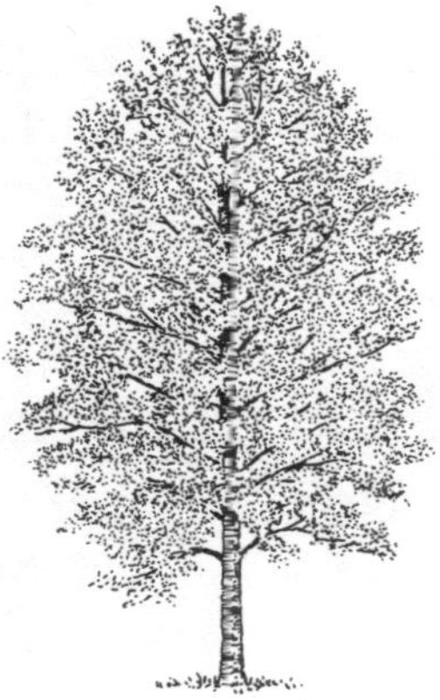

ACTES SUD

SOMMAIRE

Introduction 9

I LA GRANDE FAMILLE DES BOULEAUX 11

Le plus connu, le bouleau verruqueux 13
Un cousin proche, le bouleau pubescent 22
Une curiosité protégée 24
Une essence de lumière 24
Un arbre bien adapté au froid 28

II DES COUSINS DU BOUT DU MONDE 31

Le bouleau a papier 31
Le bouleau merisier 33
Le bouleau noir 33
Le bouleau jaune 34
Le bouleau gris 34
Le bouleau bleu 35
Les bouleaux venus d'Asie 35

III LES AMIS ET LES ENNEMIS DU BOULEAU 37

L'amanite mascarine 39
Le polypore, un mortel compagnon 41
Le rhynchite, un des rares ennemis du bouleau 42
De la couleur des papillons et de celle du bouleau 43

IV ET SI ON PLANTAIT UN BOULEAU ? 47
Quelques conseils de plantation 48
Quel bouleau acheter ? 52
Un bouleau miniature 54

V LE BOULEAU, UN BOIS
PLEIN DE RESSOURCES 57
La chaise Windsor 58
Des toits, des skis et des raquettes 59
Des chaussures,
des bougies, des couteaux... 60
L'arbre dont on faisait des balais... 61
... Et des sabots 64
Le bouleau a la conquête du ciel 69
Les indiens et le bouleau 71

VI L'ARBRE PANACÉE 75
L'arbre de la sagesse 75
L'arbre comestible 77
L'arbre néphrétique 79

VII DES NOMS ET DES ARBRES 85
Le bouleau est-il votre arbre tutélaire ? 88

LES MOTS DU BOULEAU 91

LES LIVRES DU BOULEAU 93

Introduction

Un ciel bas, tourmenté de gros nuages gris, s'écorche à la cime bleutée des pins et dissipe sa pâleur sur l'étang mauve. Battus par le vent, les roseaux et les joncs entrefroissent leurs têtes, accompagnant le vif clapotement des vaguelettes.

Tête droite, oreilles frémissantes, une biche avance à pas prudents, fléchissant l'échine et humant à pleins naseaux la moiteur puissante du marais. Egrenant des sifflets stridents, un pic épeiche accroche aux arbres les festons de son vol bigarré de noir et de vermillon.

Au bout de la vaste lande s'ouvre un chemin de sable blanc qui sinue à travers les touffes de bruyère jusqu'à l'écran de la boulassière.

Au-dessus des broussailles fauves, jaillis d'un même élan, tronc contre tronc, branches contre branches, les bouleaux exaltent la pureté de leur ivoire. La cime des rameaux, aux bourgeons déjà gonflés, s'ensanglante de pourpre violacé. Au pied des baliveaux serrés, la mousse soyeuse, d'un vert profond et pur, étouffe le bruit de nos pas.

Ce chemin nous conduit-il à galoper, avec Michel Strogoff, sur les rives du lac Baïkal ? A moins qu'il nous suggère d'embarquer sur un radeau, aux côtés de Jack London, pour une descente du fleuve Yukon ?

Et si, mine de rien, il nous invitait tout simplement, à travers les bouleaux, au plus profond de la Sologne, à mettre nos pas dans ceux de Maurice Genevoix, sur les traces furtives de Raboliot ?

I

LA GRANDE FAMILLE DES BOULEAUX

L'ORDRE DES FAGALES (du latin *fagus*, le hêtre) regroupe un grand nombre d'arbres dont l'une des principales caractéristiques est de présenter leurs fleurs sous forme de chatons. Tous les arbres de cet ordre ont en commun d'atteindre un développement important : on les classe parmi les grands arbres. Tous portent également des feuilles caduques, ce qui veut dire qu'elles tombent chaque automne pour se renouveler au printemps suivant. Ces feuilles sont toujours alternes, c'est-à-dire disposées de part et d'autre du rameau, à des hauteurs différentes, mais en général sur un même plan. Elles sont simples : leur limbe n'est jamais divisé en folioles, à l'inverse de celles du marronnier ou du robinier, que nous appelons l'acacia. Ces feuilles ont leur bord entier, comme celles du hêtre, ou denté, comme celles du bouleau, ou découpé ou lobé, comme celles du chêne.

Les Fagales se divisent en deux familles, les Bétulacées et les Fagacées. Les Bétulacées (du latin *betula*, bouleau) comptent six genres et une centaine d'espèces des régions tempérées et froides de l'hémisphère Nord. Toutes sont des plantes monoïques : les fleurs mâles et les fleurs femelles sont distinctes, mais portées par le même arbre. Les chatons femelles sont petits et dressés, alors que les chatons mâles, plus grands, sont généralement pendants. Cette famille comprend elle-même deux sous-familles, celle des Bétuloïdés, qui rassemble les bouleaux et les aulnes, et celle des Coryloïdés, dont font partie les noisetiers et les charmes.

Le genre *Betula*, celui qui comprend les bouleaux, comporte une quarantaine d'espèces des régions tempérées et froides, principalement réparties en Europe du Nord, en Asie et en Amérique du Nord. La France abrite quant à elle trois espèces : le bouleau verruqueux, le bouleau pubescent et le bouleau nain.

Les bouleaux sont des arbres au feuillage léger, qui croissent en bordure de forêt ou à découvert. Ils s'adaptent à des sols relativement pauvres, au froid et à l'humidité. Parmi les feuillus, ce sont les arbres les plus rustiques, et les seules essences spontanées des climats extrêmes du Grand Nord – Islande et Groenland compris. Cet arbre fait aussi bonne figure dans les archives de la terre : des bois fossiles révèlent qu'un bouleau proche du bouleau verruqueux actuel était déjà présent à l'Eocène, il y a cinquante millions d'années environ. Pendant les grandes glaciations du Quaternaire, il s'est imposé sur les bordures des énormes glaciers qui recouvraient une grande partie de l'hémisphère septentrional.

LE PLUS CONNU, LE BOULEAU VERRUQUEUX

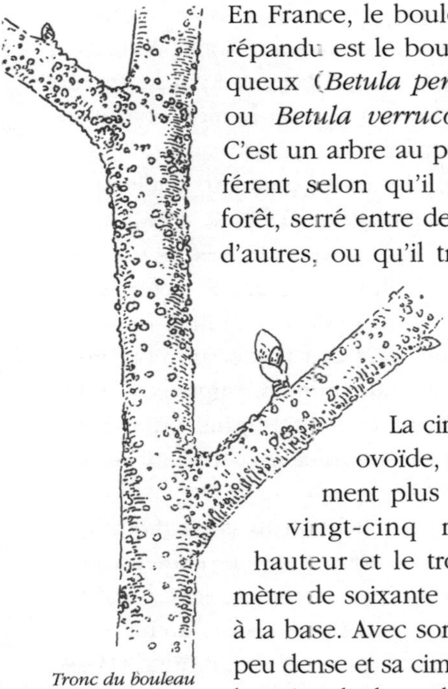
Tronc du bouleau verruqueux

En France, le bouleau le plus répandu est le bouleau verruqueux (*Betula pendula* Roth ou *Betula verrucosa* Ehrh.). C'est un arbre au port très différent selon qu'il pousse en forêt, serré entre des centaines d'autres, ou qu'il trône, isolé, au beau milieu d'une pelouse. La cime, souvent ovoïde, atteint rarement plus de vingt à vingt-cinq mètres de hauteur et le tronc un diamètre de soixante centimètres à la base. Avec son branchage peu dense et sa cime peu développée, l'arbre dégage une impression de grande légèreté. Souvent, le tronc porte plusieurs branches principales issues d'une même fourche.

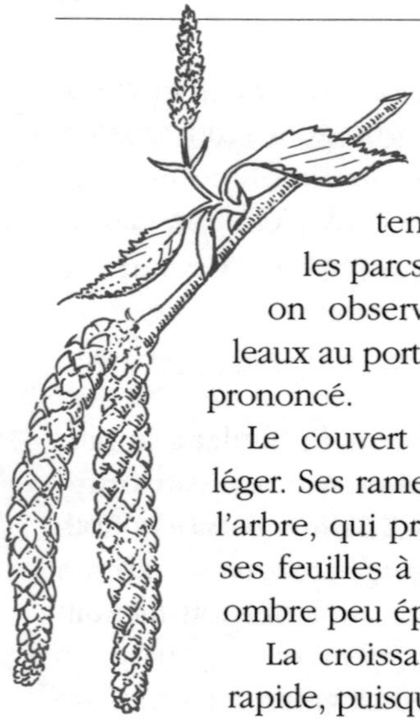

Chatons mâles et femelles du bouleau verruqueux

Ces branches sont d'abord ascendantes, mais leur extrémité tend à retomber. Dans les parcs et les jardins publics, on observe parfois des bouleaux au port pleureur relativement prononcé.

Le couvert du bouleau est très léger. Ses rameaux sont pendants et l'arbre, qui présente par la tranche ses feuilles à la lumière, offre une ombre peu épaisse.

La croissance du bouleau est rapide, puisqu'il peut grandir d'une douzaine de mètres en vingt ans. En revanche, il ne vit pas très vieux. Inutile donc de rechercher en forêt des bouleaux monumentaux, baptisés d'un nom prestigieux comme certains hêtres, chênes, sapins ou épicéas vénérables : les bouleaux centenaires sont exceptionnels.

C'est l'écorce du bouleau verruqueux qui, sans le moindre risque d'erreur, permet d'identifier l'arbre. Sur un jeune sujet, elle est d'abord très mince, de couleur brun doré à cuivre. Au fur et à mesure que l'arbre grandit, elle se colore de blanc argenté ponctué de lenticelles horizontales. Elle s'exfolie en fines pellicules et se détache en bandes très minces. Elle s'épaissit sur les vieux arbres, surtout au niveau du pied, où elle se fend en crevasses noires, irrégulières et profondes, et constitue alors ce qu'on appelle un rhytidome.

Les rameaux sont nombreux, longs, grêles et très souples, ce qui explique leur faible tenue et leur allure retombante. Le bouleau verruqueux est toujours plus ou moins pleureur, d'où son qualificatif latin de *pendula*. De couleur brun clair à violet quand ils sont jeunes, les rameaux sont couverts de petites verrues résineuses blanchâtres ou grisâtres, auxquelles ce bouleau doit son autre nom *(verrucosa)*. Un compte-fils ou une petite loupe permettent d'observer ces verrues.

Les feuilles du bouleau sont simples, de forme losangée ou triangulaire. Leur base est courte et leur pointe parfois un peu effilée. Elles comportent une fine double denture, sauf à leur base, près du pétiole. Petites, elles mesurent de trois à cinq centimètres de long et sont attachées aux rameaux par un pétiole long et fin. De couleur vert clair à la belle saison, elles prennent à l'automne une très belle teinte jaune d'or et couvrent le sol d'un tapis lumineux. Elles sont glabres, c'est-à-dire sans poils, mais,

Rameau du bouleau verruqueux

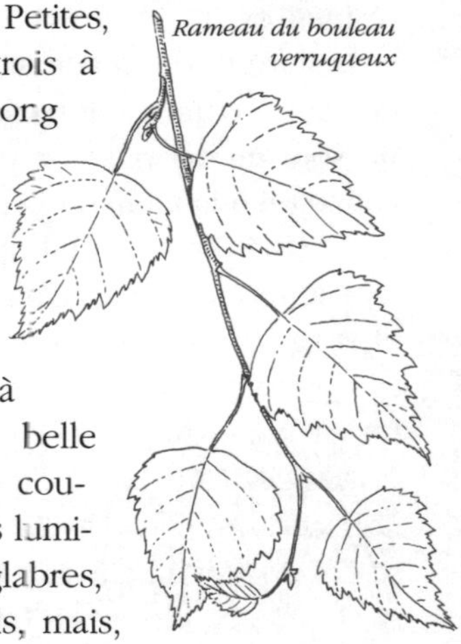

comme les rameaux et les pétioles, elles portent des sortes de glandes résineuses blanchâtres sur leur face inférieure.

Les fleurs du bouleau n'ont rien de comparable avec celles des arbres fruitiers qui éclairent nos jardins de leurs fraîches couleurs printanières. Elles se présentent sous forme de chatons verdâtres, unisexués. Les chatons mâles sont de petits cylindres longs de un à deux centimètres, d'abord verts, puis brun clair lorsqu'ils se dessèchent. Ils se forment à la fin de l'automne et pendent à l'extrémité des rameaux courts. Les fleurs femelles sont plus petites et restent dressées. Elles apparaissent au printemps, en avril ou en mai, au même moment que les feuilles de l'année.

Les bourgeons sont petits, de forme ovoïde, très pointus, et eux aussi couverts d'écailles résineuses.

Les fruits du bouleau n'ont rien de spectaculaire, comme ceux des arbres fruitiers, et ne sont même pas comparables au gland du chêne ou à la faine du hêtre. Mûrs dès le début

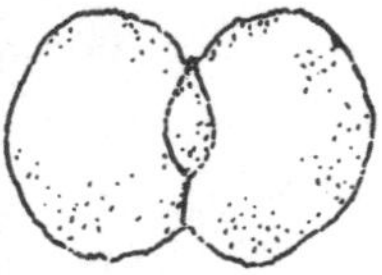

Une graine

de l'été, ce sont de très discrets petits cônes allongés, de un à deux millimètres de long. Leur observation au compte-fils permet de voir trois minces écailles portant chacune trois petites graines bordées d'une minuscule ailette. Ces graines sont si petites et si légères qu'un seul kilogramme en contient de cinq à six millions. Cependant, ces graines ne se conservent pas longtemps et leur pouvoir de germination est fugace. Dispersées par le vent, elles doivent à leur grande légèreté de pouvoir atteindre le sol sans être arrêtées par le tapis herbeux ni mangées par les oiseaux granivores. Si elles trouvent un sol ni trop sec ni trop humide, elles peuvent germer et donner naissance à de petits bouleaux qui pousseront d'autant mieux que les rongeurs semblent dédaigner ces jeunes pousses. En somme, pour se

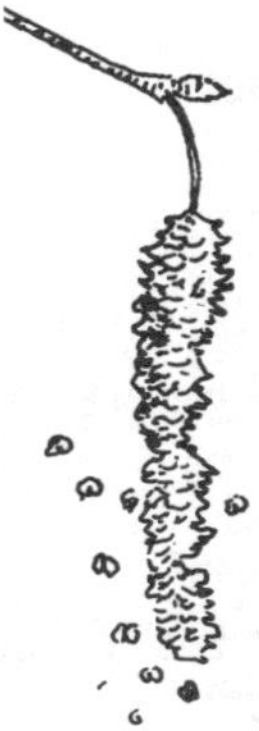

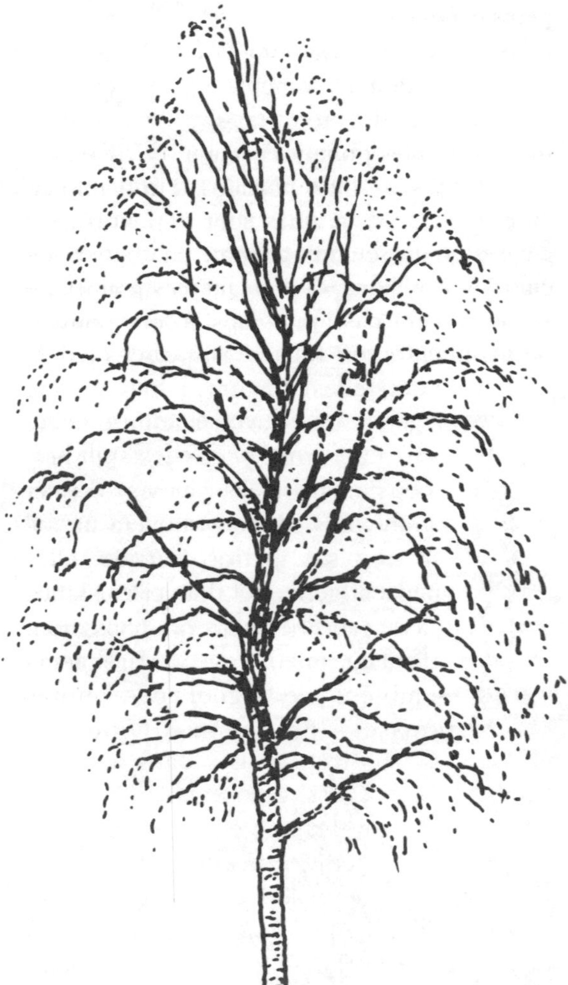

Silhouette hivernale du bouleau verruqueux

reproduire, le bouleau doit faire vite. Et il y réussit fort bien !

La couleur du bois de bouleau varie de blanchâtre à jaunâtre. Homogène, ce bois est assez dur, bien plus que celui du peuplier, mais beaucoup moins que celui du chêne ou du hêtre. Assez élastique, il résiste bien à la flexion. Le sciage d'un tronc ne permet pas de distinguer nettement le cœur, l'aubier et les cernes annuels d'accroissement mais une observation attentive de la coupe laisse voir des rayons ligneux très fins et des taches médullaires roussâtres.

Ce bois est reconnu comme un bon combustible, au très grand pouvoir calorifique, parce qu'il dégage une chaleur intense et soutenue. Il se conserve en revanche assez mal car il est très vite atteint par la pourriture.

Le bouleau verruqueux offre la particularité d'être très résistant au froid et aux gelées printanières. On comprend pourquoi sa zone de répartition couvre l'ensemble de l'Europe septentrionale et occidentale, à toutes les altitudes. Ce bouleau pousse dans tous les types de forêts, aussi bien en plaine qu'en montagne. En revanche, il est assez peu présent en région méditerranéenne, où il ne se risque qu'en altitude. Mêlé aux conifères, c'est par excellence l'arbre de la taïga, cette immense forêt qui ceinture le globe à la hauteur du cercle polaire arctique, de la Sibérie au Canada, en passant par la Scandinavie. C'est aussi l'arbre de toutes les landes et, en particulier, celui qui, spontanément, croît en Sologne. Dans cette vaste plaine argileuse, au sol pauvre et acide, il joue le rôle d'essence dominante, au sein d'une forêt naturelle de feuillus composée de chênes pédonculés ou pubescents assez misérables. En France, on trouve également d'autres peuplements abondants de bouleaux dans les massifs forestiers dégradés de Bretagne et du Cotentin.

Frugal, le bouleau s'accommode de tous les sols, y compris les plus secs, les plus pauvres, les plus épuisés. Capable de s'installer là où aucun autre arbre ne peut pousser, il est considéré comme une essence pionnière ou colonisatrice : il apprécie les places vides, les clairières et les landes en particulier, et c'est lui qui, le premier, se réinstalle sur des terrains fraîchement défrichés.

Il n'a qu'un besoin impératif, celui d'une humidité atmosphérique assez importante. Son enracinement dense, mais superficiel, le rend très sensible aux étés sans pluie.

En Europe occidentale, le bouleau se développe de manière optimale dans les chênaies claires. Il s'y tient essentiellement en lisière ou à découvert, dans les clairières.

Pour aussi rustique qu'il soit, le bouleau est une essence dite de lumière, qui ne peut véritablement pousser qu'à découvert, comme le chêne-liège ou le pin maritime. Sa frugalité, son enracinement dense et superficiel font qu'il accepte les terrains les plus pauvres, plutôt acides et légers, même fortement dégradés : il apprécie les places vides, les clairières et les landes. Sur les sols à dominante calcaire, son développement est moins satisfaisant.

La décomposition des feuilles de bouleau donne une litière d'excellente qualité, il contribue ainsi à l'amélioration des sols qu'il colonise. Sur des sols pauvres ou épuisés, il peut favoriser l'implantation d'essences plus délicates.

Parce qu'il pousse très vite, le bouleau verruqueux favorise la venue d'essences d'ombre, tels le hêtre ou le sapin, qui supportent mal le plein ensoleillement au début de leur croissance et qui trouvent alors un abri sous son feuillage. Mais son besoin de lumière et sa courte durée de vie font que le bouleau est spontanément peu à peu éliminé par les essences plus exigeantes dont il a favorisé l'installation. En fait, le bouleau colonise les places vacantes et occupe efficacement le terrain, mais il résiste très mal à la concurrence.

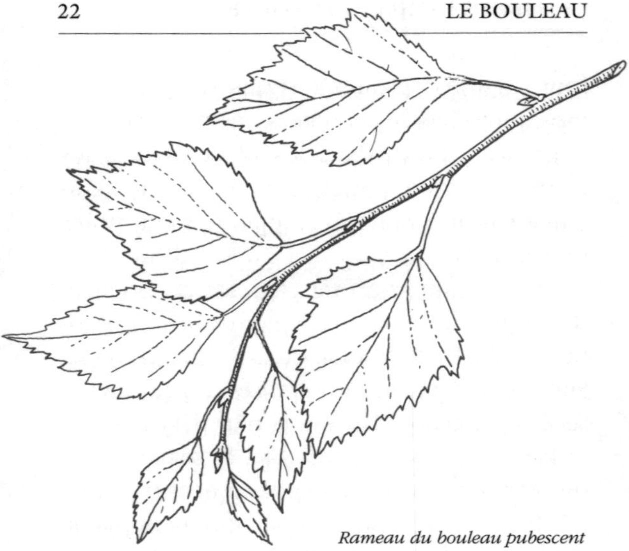

Rameau du bouleau pubescent

UN COUSIN PROCHE, LE BOULEAU PUBESCENT

L'autre espèce de bouleau le plus souvent rencontrée en France est le bouleau pubescent (*Betula pubescens* Ehrh.).

Cette espèce est si proche du bouleau verruqueux que le botaniste Linné, lors de l'établissement de sa première grande classification des espèces végétales, les avait désignées globalement sous le même nom de bouleau blanc *(Betula alba)*. Cette dénomination (*Betula alba* L.) est désormais abandonnée.

Le bouleau pubescent se distingue du bouleau verruqueux par sa hauteur, sensiblement plus petite, et par sa silhouette, plus tortueuse, et qui n'est jamais pleureuse. Son écorce, d'un blanc moins éclatant, tire davantage sur le gris jaunâtre.

Ses caractères distinctifs principaux portent sur les rameaux. Ceux du bouleau pubescent sont légèrement poilus – on les dit pubescents, d'où le nom de l'arbre. Ses feuilles sont un peu moins dentées que celles du bouleau verruqueux ; parfois cordiformes, c'est-à-dire en forme de cœur, elles sont aussi légèrement pubescentes sur leur face inférieure. Ces minuscules pilosités des feuilles et du pétiole s'observent facilement au compte-fils.

Le bouleau pubescent résiste mieux au froid que le bouleau verruqueux, il est également plus exigeant en eau et il paraît mieux supporter une exposition ombragée. C'est l'espèce caractéristique des zones tourbeuses, des sols peu profonds mais toujours acides. Il est souvent associé à l'aulne glutineux, à la bourdaine et à la molinie.

En forêt cultivée, le bouleau verruqueux et le bouleau pubescent ne sont que des espèces transitoires, parfois introduites pendant quelques années sur des sols pauvres et épuisés, pour préparer le terrain à l'arrivée d'espèces plus délicates. Leur bois est utilisé pour le chauffage et, surtout, pour la production de pâte à papier.

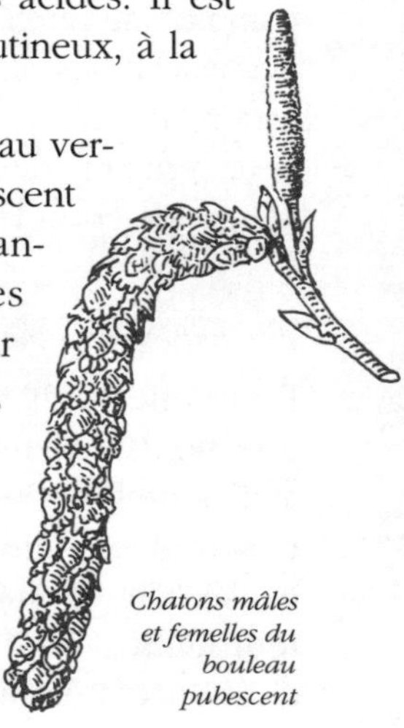

Chatons mâles et femelles du bouleau pubescent

UNE CURIOSITÉ PROTÉGÉE

Le bouleau nain (*Betula nana* L.) est un petit arbrisseau européen qui ne dépasse guère quarante à quatre-vingts centimètres de hauteur. Ses feuilles sont en rapport avec sa taille : elles ne mesurent pas plus d'un centimètre de long ! Cette espèce nordique vit dans les clairières tourbeuses des forêts scandinaves et marque la limite nord de la végétation ligneuse. En Europe centrale, on la trouve en montagne. En France, le bouleau nain est considéré comme une rareté botanique, véritable relique des glaciations du Quaternaire. Il figure sur la liste nationale des espèces protégées et il subsiste encore dans deux tourbières de la Margeride et du Haut Jura.

UNE ESSENCE DE LUMIÈRE

Dans une forêt au peuplement homogène, une boulaie, par exemple, les jeunes plants avides de lumière entrent en concurrence les uns avec les autres pour capter l'énergie lumineuse dont chacun a besoin pour croître et se reproduire. Cette lutte conduit ceux dont la croissance a été un peu plus rapide que celle

de leurs voisins vers un développement réussi. Elle condamne les autres à disparaître. Quand cette compétition se manifeste entre individus de la même espèce, les scientifiques la disent intraspécifique.

Après une fructification particulièrement abondante, des milliers de jeunes plantules entrent dans une sévère compétition. Toutes ont les mêmes exigences : leur système racinaire explore le même sol et leur feuillage le même espace aérien. Qu'un sujet se trouve momentanément retardé dans sa recherche de la lumière, en raison de conditions moins favorables ou d'une constitution moins robuste, il va aussitôt prendre du retard sur les autres et sera privé de lumière par l'ombre portée par ses congénères plus élancés. Son retard de croissance va s'accentuer régulièrement.

Le port des arbres traduit cette quête manifeste. Un arbre qui croît isolément, en plein champ par exemple, montre une architecture "champêtre" largement développée, aux branches équilibrées, étendues dans toutes les directions. On remarque facilement sa silhouette, quand le grand dépouillement de l'hiver la dessine sur le ciel. Au contraire, un arbre vivant en groupe présente un tronc très élancé, dressé pour la conquête de la lumière. Ses branches latérales, insuffisamment exposées, se sont progressivement éliminées et sont mortes, desséchées. C'est ce qu'on appelle l'élagage naturel. Sa cime est une couronne étroite, effilée : on dit que l'arbre a un "port forestier".

Le phénomène de compétition intraspécifique est particulièrement spectaculaire dans un peuplement de bouleaux alors qu'ont germé, côte à côte, des milliers de graines qui vont lutter pour se hisser vers la lumière.

Maurice Genevoix a su admirablement raconter ce combat "fratricide", qu'il avait observé en Sologne ou en forêt d'Orléans.

> "… Nous avons voulu traverser la boulassière, et nous y avons rencontré, avec la rudesse des combats, l'injustice des défaites et la misère des longues agonies. Ils étaient trop nombreux, et tous ne pouvaient vivre. Tous, pourtant, s'étaient haussés vers l'air et la lumière, d'un même élan, avec le même patient courage. Mais quelques-uns, insensiblement distancés, de l'épaisseur d'une feuille ou d'un bourgeon, tout aussitôt avaient été perdus. Quels que pussent être désormais leurs efforts, leur ténacité farouche, jamais plus ils n'accéderaient à l'espace libre et à la vie.
>
> En vain, à chaque renouveau, leur sève appuyait-elle à la pointe de leurs branches : déjà, la foule de leurs frères les dominait, les

étouffait avec indifférence ; toute la lumière était pour ces forts, et la fraîcheur des pluies, et l'air où respirent les feuilles. Eux s'obstinaient, s'étiraient désespérément : leurs fûts trop grêles fléchissaient peu à peu, leur ramure renonçait fibre à fibre, et leurs feuilles s'étiolaient, asphyxiées, ou rongées par les rhynchites bleus. Et bientôt, sur leur bois pourrissant, les polypores allongeaient leurs langues noires.

L'un après l'autre, ils ont abandonné, ceux-ci achevant leur chute et reçus par la terre maternelle, ceux-là restés presque debout, retenus par les arbres vivants et dressant leurs cadavres en affalements raidis. Et nous savions, sans doute, cette dure et sereine loi du monde qui condamne les souffreteux. Mais elle apparaissait ici, parmi cette grâce tendre et légère, avec tant de brutale rigueur que notre cœur se serrait d'une tristesse révoltée, que nous avions besoin, en ce moment, pour cette seule fois, qu'elle s'humanisât pour les autres arbres, qu'elle trahît une pitié, un oubli…"

MAURICE GENEVOIX, *Forêt voisine*

UN ARBRE BIEN ADAPTÉ AU FROID

Le bouleau est essentiellement une espèce adaptée aux climats tempérés ou froids.

La Scandinavie se caractérise par une anomalie thermique unique au monde. Pendant presque toute l'année, l'eau de mer est plus chaude que l'air. Elle ne gèle pratiquement pas en hiver sur la côte norvégienne alors que la banquise bloque régulièrement les côtes du Labrador, pourtant bien plus méridionales. Malheureusement, la végétation ne profite pas comme elle le pourrait de ces températures exceptionnellement douces. La période végétative – celle pendant laquelle les plantes trouvent les conditions de température, d'ensoleillement et d'humidité optimales pour leur croissance – se trouve en effet réduite à moins de la moitié de l'année et, dans certaines régions, à moins d'un tiers, à cause des brouillards, du déficit en ensoleillement et, dans le nord, de l'enneigement considérable.

La Scandinavie méridionale est un pays de magnifiques forêts alors que, dans sa partie septentrionale, les arbres cèdent progressivement la place à la toundra, qui s'étend jusqu'au cap Nord. Immense étendue de landes désolées, la toundra est dépourvue d'arbres tels que nous les connaissons : seuls peuvent y pousser des saules et des bouleaux nains, plaqués au ras du sol pour se protéger du vent et du froid, et des lichens uniformément gris. En Scandinavie,

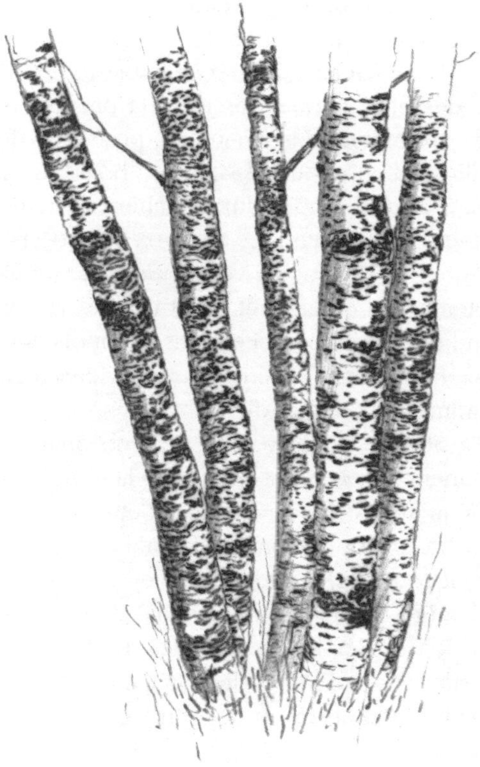

pour qu'un arbre atteigne vingt mètres de haut et trente centimètres de diamètre, il lui faut quatre-vingt-dix ans dans le Sud, le double dans le Nord.

La rive américaine de l'Atlantique nord s'oppose à sa rive européenne par l'extrême rudesse de son climat. Les terres polaires du Canada, cernées par un dédale de bras de mer qui comptent parmi les eaux les plus froides du monde, connaissent des hivers terribles. Dans la province du Québec subsiste encore une des plus grandes forêts de la planète. Au sud, au milieu des résineux, poussent des feuillus qu'on appelle là-bas les "bois francs", c'est-à-dire les bois durs – chênes, hêtres, érables ou merisiers. Les résineux s'imposent à mesure que l'on monte vers le Nord. Le rebord septentrional de la forêt est constitué de bouleaux et de trembles. Pendant des mois, sous des températures polaires, toute la vie végétale et animale est engourdie.

La Sibérie, à l'extrémité septentrionale du continent eurasien, est le pays de la toundra et, plus au sud, celui de la taïga. Cette immense forêt boréale qui s'étend de l'Oural à l'Extrême-Orient couvre plus de la moitié du territoire de la Sibérie. Dans cette monotonie de conifères très denses, les bouleaux s'inscrivent sur les marges septentrionales de la taïga, aux franges de la toundra, jusqu'au-delà du lac Baïkal.

II

DES COUSINS DU BOUT DU MONDE

LE BOULEAU VERRUQUEUX nous est familier et son proche cousin, le bouleau pubescent, est lui aussi abondamment réparti dans nos régions. La famille comprend bien d'autres représentants dont beaucoup sont originaires d'Amérique du Nord ; au fur et à mesure de l'exploration de ce continent, ils ont été introduits en Europe.

LE BOULEAU A PAPIER

Ce bouleau *(Betula papyrifera* Marsh.) est aussi appelé "bouleau à canots", car c'est celui dont se servaient les Indiens d'Amérique du Nord pour construire leurs embarcations. Son écorce imperméable, qui se détache facilement du tronc, était aussi utilisée pour fabriquer toutes sortes d'ustensiles de cuisine et de récipients. Le bouleau à papier est un arbre vigoureux, à la croissance rapide, qui peut atteindre trente à quarante mètres de haut. Ses feuilles sont ovales, pointues et irrégulièrement dentées. Glabres sur leur face supérieure, elles sont plus claires et légèrement pubescentes en-dessous. Le bouleau à papier est bien entendu une espèce nord-américaine, répartie de l'Alaska à la Pennsylvanie.

Cette essence sans exigences particulières fut introduite en Europe au XVIIIe siècle et elle y connaît depuis un grand succès. Parfaitement rustique, plus grand que le bouleau verruqueux, le bouleau à papier est souvent planté en raison de sa magnifique écorce d'un blanc de neige.

LE BOULEAU MERISIER

Ce bouleau (*Betula lenta* L. ou *Betula carpinifolia* Ehrh.), dont l'écorce a la double particularité d'être brun-rouge, rappelant ainsi celle du merisier, et de dégager une délicate odeur aromatique, est aussi d'origine américaine. Ses feuilles, qui ressemblent un peu à celles du charme, lui ont valu l'épithète scientifique de *carpinifolia* : à feuilles de charme. Elles se développent très tôt en saison et se couvrent d'un fin duvet argenté ; froissées entre les doigts, elles dégagent une délicate odeur. Ce bouleau se signale également, au printemps, par ses longs chatons pendants. De croissance rapide, le bouleau merisier ne dépasse cependant pas, en Europe, une vingtaine de mètres de hauteur.

LE BOULEAU NOIR

Comme les bouleaux précédents, le bouleau noir (*Betula nigra* L. ou *Betula rubra* Ait.) est américain et originaire de l'est des Etats-Unis, du Massachusetts à la Floride. Plus à l'ouest, du Minnesota au Kansas, on l'appelle bouleau de rivière *(river birch)*. Ce bouleau se distingue des autres par ses feuilles en forme de losange, mais surtout par son écorce, d'un brun-roux foncé, rugueuse, et qui s'exfolie en lamelles. Le bouleau noir produit souvent plusieurs tiges, partant de la base du pied, et des rameaux très fins. C'est une essence ornementale très appréciée.

LE BOULEAU JAUNE

Il est, lui aussi, originaire d'Amérique du Nord. On le trouve surtout au Canada et à Terre-Neuve, du Manitoba aux monts Alleghanys. Il se distingue des autres bouleaux par son écorce, couleur de miel chez les jeunes sujets, qui évolue ensuite vers le brun doré et le brun-rouge à mesure que l'arbre vieillit. Son feuillage prend une teinte jaune éclatante à l'automne. Ses feuilles sont longues : d'abord pubescentes, elles deviennent peu à peu glabres. Essence de pays froids, le bouleau jaune (*Betula lutea* Michx.) réclame de longs hivers. Il croît très lentement mais peut atteindre une hauteur de trente mètres.

LE BOULEAU GRIS

Appelé aussi bouleau à feuilles de peuplier (*Betula populifolia* Marsh.), c'est le bouleau américain le plus voisin de l'espèce européenne *Betula verrucosa.* Il fut introduit en Europe vers 1750. Petit arbre gracieux qui ne dépasse pas une dizaine de mètres de haut, il a un tronc généralement multiple et des branches à l'aspect ascendant très marqué. A l'inverse de beaucoup d'autres bouleaux, son écorce blanche ne s'exfolie pas. Le bouleau gris ne vit pas très vieux : on le plante sur les sols particulièrement pauvres.

LE BOULEAU BLEU

Petit bouleau canadien, le bouleau bleu (*Betula caerulea grandis* Blanchard) ne dépasse pas une hauteur de dix mètres et se caractérise par ses feuilles, bleutées sur le dessus, vertes en dessous, et par son écorce brillante à reflets rosés.

LES BOULEAUX VENUS D'ASIE

Le continent asiatique n'est pas en reste et il possède lui aussi de nombreuses espèces de bouleaux.

- Le bouleau à côtes (*Betula costata* Trautv.) a été découvert au milieu du XIXe siècle en Manchourie, par des botanistes russes. Arbre très élégant d'une trentaine de mètres de hauteur, *Betula costata* montre une écorce blanc crème, souvent nuancée de jaune ou de rose, qui s'exfolie en longues écailles. Les feuilles, ovales et étroites, ont des nervures très saillantes – à côtes –, ce qui a valu son nom à l'arbre.
- Le bouleau de Dahurie (*Betula davurica* Pall.), une province de la Sibérie transbaïkale, fut identifié en Sibérie, à la fin du XVIIIe siècle, par le botaniste allemand Pallas, mais il n'apparut en Europe qu'un siècle plus tard. Cet arbre croît également au Japon. Fait rare chez les bouleaux, ses branches s'étalent largement et forment une cime large.

• Originaire du Nord-Est asiatique, de Corée et du Japon, le bouleau d'Erman (*Betula Ermanii* Cham.) vit en forêts entières dans l'île de Sakhaline. Comme son nom l'indique, il fut découvert par le physicien et botaniste amateur allemand Erman, lors d'une expédition qu'il effectua autour du monde de 1828 à 1830 pour mesurer le magnétisme terrestre. Son écorce teintée d'ivoire est très lumineuse et s'exfolie en minces pellicules. Il ne dépasse pas vingt mètres de haut. Petites et pointues, ses feuilles apparaissent très tôt au printemps.

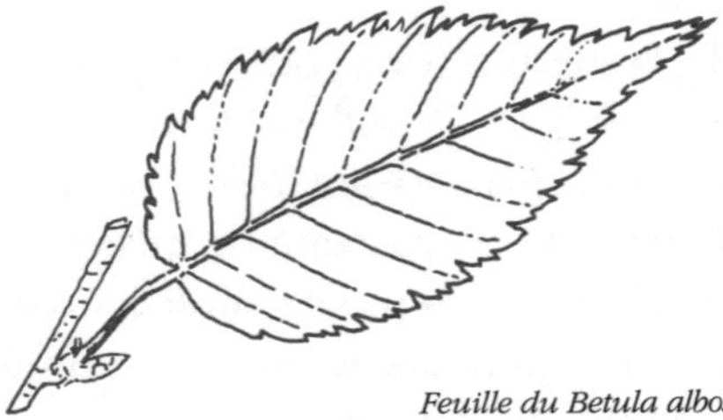

Feuille du Betula albosinensis

• Le nom latin du bouleau blanc de Chine, *Betula albosinensis* Burk., souligne son origine. Cet arbre, introduit en Europe au début du XXe siècle, peut atteindre une taille de trente mètres dans la nature, mais ne dépasse pas la moitié de cette taille en culture. Selon les variétés, son écorce offre une vaste palette de couleurs qui s'étend du brun orangé ponctué de taches roses ou grises à l'orangé clair ou au rouge orangé franc.

III

LES AMIS ET LES ENNEMIS DU BOULEAU

COMME LA PLUPART DES ARBRES, le bouleau ne saurait vivre seul en forêt et il n'est d'ailleurs pas d'arbre adulte qui ne doive beaucoup aux modestes compagnons qui poussent à son pied.

Le règne des champignons dits supérieurs, ceux que l'on cueille en forêt et qui font les délices de nos assiettes, manifeste d'étroites relations avec celui des arbres. N'importe quel arbre ne saurait cependant s'associer avec n'importe quel champignon. Ces affinités marquées sont bien connues des chercheurs de champignons : le bolet élégant se plaît dans la fréquentation du mélèze, la morille élit volontiers domicile auprès des frênes, les cèpes au pied des châtaigniers. La partie supérieure de ces étranges organismes, le "chapeau", n'est en fait que la partie externe du végétal, destinée à la fructification et à la reproduction. Tout le reste, l'essentiel, se déploie sous terre en un réseau de longs filaments, le mycélium. Très souvent, ces filaments s'associent étroitement à un arbre et constituent une sorte de manchon autour des racines : ce réseau est appelé mycorhize (de *mukês*, champignon, et *rhiza*, racine).

Arbre et champignon, chacun trouve son compte dans cette association baptisée symbiose, ce qui signifie vivre ensemble. Le mycorhize accroît la surface des racines de l'arbre et leurs possibilités d'absorption des éléments minéraux, il protège l'arbre des germes porteurs de maladies qui vivent dans le sol. En même temps, le champignon fournit à l'arbre l'azote que son hôte ne parvient pas à suffisamment assimiler. Selon de subtils mécanismes, encore incomplètement élucidés, le champignon stocke et délivre à l'arbre, le moment venu et en quantités voulues, les substances minérales, les enzymes et les vitamines dont l'arbre a besoin. En échange, l'arbre fournit au champignon les sucres indispensables que, dépourvu de chlorophylle, celui-ci est incapable de fabriquer. Cette symbiose explique l'abondance des champignons en forêt. Le bouleau, lui, est associé à l'amanite muscarine.

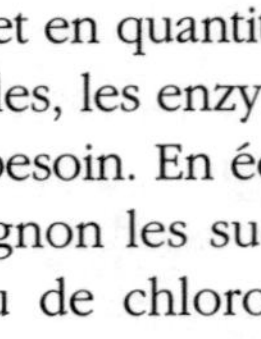

L'AMANITE MUSCARINE

Cette amanite *(Amanita muscaria)* éclôt au pied du bouleau dès le début de l'automne. De taille imposante, son chapeau d'un somptueux rouge vermillon atteint parfois une vingtaine de centimètres de diamètre ; il est semé de flocons blancs. C'est le champignon type des livres pour enfants ! Sa beauté ne doit cependant pas faire illusion : cette espèce est considérée comme très vénéneuse, même si elle n'est que rarement mortelle. Manger des amanites muscarines provoque un délire appelé "ivresse muscarienne". En Allemagne, observait Jean Bauhin au XVIe siècle, ce champignon était appelé "champignon des fous, parce qu'il fait perdre l'esprit à ceux qui le mangent". Dans son ouvrage *Alcaloïdes et plantes alcaloïfères*, le docteur F. Moreau donne à son tour une flamboyante description de l'ivresse provoquée par cette amanite :

> "L'intoxiqué devient gai, loquace, animé ; il rit, il chante, présente les caractères d'une heureuse ébriété ; puis il chancelle, il tombe, il s'endort du lourd sommeil de l'ivresse. Il meurt parfois au cours de ce sommeil de l'ivre-mort. Plus souvent, au réveil, il éprouve un pesant mal de tête. Invité à rassembler ses souvenirs, il rapporte les rêves qu'il a faits : c'étaient des rêves colorés ; il fut le témoin de splendides feux d'artifice ; il connut la féerie du firmament embrasé, de jeux de lumière étincelants ; il fut le compagnon de route des étoiles..."

Le surnom d'amanite tue-mouche qu'on attribue localement à ce champignon n'est pas usurpé. Il suffit d'abandonner une amanite muscarine dans une pièce pour retrouver des mouches inanimées le lendemain. Le principe alcaloïde qu'elle contient était autrefois utilisé dans des pièges tendus contre ces insectes importuns.

LE POLYPORE, UN MORTEL COMPAGNON

Un autre champignon met, lui, en danger la vie du bouleau qu'il fréquente. Les troncs des bouleaux sont parfois hérissés de sortes de hernies qui se développent perpendiculairement, sur les troncs, en console ou en "pied

de cheval", comme disent les forestiers. Au lieu de se comporter en allié, ce champignon vit en parasite aux dépens de l'arbre. De couleur coquille d'œuf, il peut atteindre une vingtaine de centimètres de diamètre ; à l'état frais, il exhale une odeur agréable, légèrement acidulée. Il s'agit du polypore du bouleau (*Ungulina betulina*, ou *Liptoporus betulinus*). Sous des apparences anodines, ce champignon est un redoutable parasite : son installation se conclut presque toujours par la mort de son support. Le polypore du bouleau choisit en général des arbres déjà affaiblis. On le trouve souvent sur des troncs en cours de dessèchement, déjà forés par les pics, et il développe à l'intérieur de son hôte une sorte de pourriture blanche qui transforme le bois dur en une poudre fine. Il est sans intérêt culinaire, mais sa consistance ferme et douce lui a valu de bien curieuses utilisations : séché et réduit en poudre, il servait dans l'industrie horlogère pour polir finement le métal des boîtiers de montre. Sa chair encore molle a également jadis servi à affûter les rasoirs.

LE RHYNCHITE, UN DES RARES ENNEMIS DU BOULEAU

Seul un petit insecte, le rhynchite du bouleau (*Rhynchites betuleti)*, d'un joli bleu violacé métallique, s'attaque à l'arbre, tout comme il s'attaque aux peupliers, aux saules, aux tilleuls ou aux hêtres. Il est surtout nuisible à la vigne. La femelle de ce petit charançon enroule les feuilles en cornet ou en petit cigare et y dépose ses œufs. Sa larve se nourrissant de la feuille à demi flétrie, la femelle perce les grosses nervures ou le pétiole d'un petit trou, ce qui a pour effet d'empêcher la sève d'y monter. La feuille qui s'étiole devient plus facile à rouler et la larve éclose peut ensuite s'en nourrir.

DE LA COULEUR DES PAPILLONS ET DE CELLE DU BOULEAU

Il est des papillons remarquables à qui l'on a donné des noms particulièrement évocateurs : on connaît par exemple la belle-dame, le manteau royal ou Robert-le-diable. Le phalène du bouleau *(Biston betularia)* n'a pas cette chance. Ce papillon de nuit vit dans les forêts de feuillus du continent eurasien et ne présente guère de caractères remarquables. A l'inverse de ses cousins plus prestigieux, il doit partager son nom avec une cinquantaine d'autres espèces : il existe un phalène de l'alisier, de l'aulne, du noisetier, du pin. Alfred de Musset a beau chanter que

> …"Le phalène doré, dans sa course légère,
> Traverse les prés embaumés"…

ce modeste papillon serait passé totalement inaperçu si des entomologistes anglais ne l'avaient sorti de l'anonymat. Au milieu du XIXe siècle, ces spécialistes perspicaces remarquèrent, parmi les phalènes du bouleau de la région de Manchester, l'existence de quelques

individus foncés, alors que la majorité de ces papillons était de couleur claire. Un recensement précis dégagea les statistiques suivantes pour la région : forme claire, 99 %, forme sombre, 1 %.

Curieusement, le même recensement effectué cinquante ans plus tard conclut à l'inversion des proportions ! De nos jours, le phénomène est confirmé presque partout en Europe, où la forme sombre a nettement supplanté la forme claire.

On explique ce curieux changement par la sélection qu'exercent les rapaces nocturnes sur ces papillons. Prédateurs naturels de l'espèce, les oiseaux de nuit recherchent leurs proies qui tentent de se confondre avec leur support. Or, pendant la seconde moitié du XIXe siècle, la région de Manchester s'est considérablement industrialisée. La suie échappée des cheminées des innombrables usines a peu à peu noirci les surfaces claires... et les troncs des bouleaux sur lesquels les phalènes trouvaient un abri. Progressivement, les papillons sombres se sont trouvés mieux protégés que les papillons clairs, plus vulnérables parce que plus facilement repérables par les oiseaux. L'extension de la forme sombre au détriment de la forme claire serait donc une conséquence directe de la pollution. Les Britanniques ont donné à ce phénomène le nom de "mélanisme industriel".

IV

ET SI ON PLANTAIT UN BOULEAU ?

PEU ENCOMBRANT, le bouleau rappelle malgré tout la forêt, qui entre avec lui dans le jardin. Planter un bouleau est devenu un réflexe de citadin, qui apprécie autant son élégance, son tronc d'argent et son feuillage gracieux que sa croissance rapide et sa rusticité. Les bouleaux d'origine asiatique remplacent peu à peu les bouleaux américains comme essences ornementales de nos pelouses.

La saison traditionnelle pour planter un arbre est l'automne, bien qu'on puisse aussi le faire au début du printemps ; en principe, on évite le plein hiver, période des gelées, ainsi que les grandes chaleurs de l'été.

Dans la plupart des cas, l'amateur de bouleau doit se procurer un scion, c'est-à-dire une courte tige avec seulement quelques branches. Gardez-vous d'aller le chercher en forêt, domaniale ou privée, c'est formellement interdit !

QUELQUES CONSEILS DE PLANTATION

Selon une habitude largement répandue, on ne plante pas un seul bouleau, mais un petit bouquet de trois arbres, en “pied de marmite”, que leur propriétaire voit pousser rapidement et qui deviennent des arbres de moyen jet. Certains pépiniéristes vendent même des bouleaux cultivés dans une même motte – les spécialistes disent “en cépée” –, dont les troncs partent du même point. Avant de choisir de planter un bouleau, pensez toutefois aux gens de votre entourage sensibles aux allergies, les enfants notamment, qui pourraient être victimes de crises au cours du printemps. Le bouleau, le noisetier et le frêne, souvent associés pour l’ornement des jardins, émettent des pollens très allergènes. Une fois votre décision prise, plusieurs possibilités s’offrent à vous, selon vos compétences et votre patience. Une bonne solution consiste à acheter les jeunes arbres dans une jardinerie. Les plantes y sont proposées en godets de plastique. Elles ont été produites par un pépiniériste qui les a nourries dans un milieu nutritif savamment dosé. Soyez vigilant. Elles y ont développé un système racinaire si dense que la reprise est pratiquement certaine. Le jeune plant de bouleau, distingué parmi tous les autres, choisi avec soin pour son tronc blanc et bien droit, pourrait bien faire piètre figure dans le terrain s’il a été acheté alors qu’il commence à se dessécher.

Une autre solution consiste à se rendre directement chez un pépiniériste. On peut bénéficier de ses conseils et aller choisir avec lui les jeunes arbres sur le terrain. On les emporte dans un emballage, souvent une motte retenue par un filet, qui maintient la terre autour des racines.

Certaines grandes maisons de ventes de plantes par correspondance proposent sur catalogue un large choix d'espèces et de variétés. Les plantes sont expédiées au moment favorable à leur plantation.

On peut enfin essayer de tout faire par soi-même. Le bouleau ne rejette pas de souche et ne se bouture pas. Pour obtenir un nouveau pied de bouleau, il convient donc de recourir à la multiplication par semis, à la transplantation ou au marcottage, relativement difficile à réussir.

Il se peut qu'un bouleau ait déjà été planté dans votre jardin et que ses graines, en germant, aient produit de petits plants. Pour les transplanter, il faut les extraire précautionneusement et les repiquer aussitôt. Le meilleur taux de réussite est obtenu avec les plus jeunes plantules.

Quoi qu'il en soit, la reprise de votre "bouleau maison" sera toujours un peu difficile.

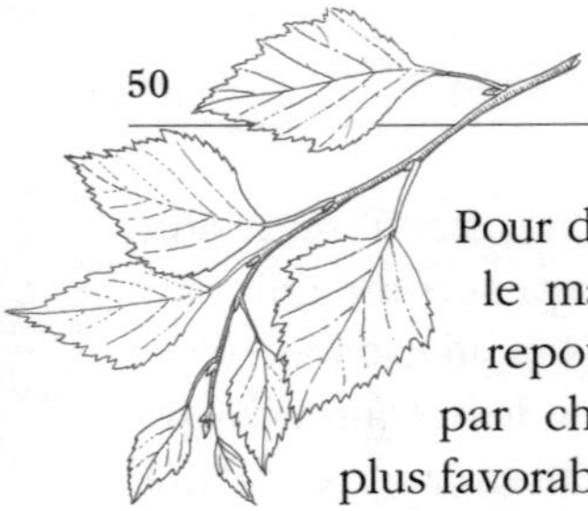

Pour donner aux jeunes plantes le maximum de chances de repousse, il faut commencer par choisir l'emplacement le plus favorable. Pour le bouleau, c'est en principe en pleine lumière, dans un endroit dégagé. La proximité de grands arbres pourrait déséquilibrer les jeunes bouleaux qui développeraient davantage de branches du côté le mieux exposé. Pensez également qu'un petit arbre deviendra grand en quelques années et qu'il pourrait bien se montrer encombrant. Ne recherchez pas l'effet immédiat, mais envisagez le long terme. C'est toujours avec un serrement de cœur qu'on mutile ou, pire, qu'on arrache un arbre amoureusement planté et soigné. Si plusieurs arbres sont plantés en même temps, placez les plus grands en arrière, en tentant d'harmoniser les diverses formes.

Préparez un grand trou, bien plus large et profond que le conteneur en plastique ou la motte de racines. Le trou doit être suffisamment grand : pour un scion de bouleau, de quarante à cinquante centimètres de largeur et autant de profondeur. Pour un arbre aussi peu exigeant quant à la nature du sol, il n'est pas nécessaire de garnir le trou d'un quelconque engrais. Avant la plantation, retirez les emballages, godets, pots ou filets, en prenant soin de ne pas blesser les racines.

L'arbre acheté est en général petit et aura besoin pendant les premières années de sa vie d'un tuteur que vous devez toujours fixer avant d'installer l'arbre dans son trou. Si vous enfoncez le tuteur après, vous risquez de blesser les racines. Ne liez jamais l'arbre à son tuteur avec du fil de fer ni même avec de la corde, qui blessent les troncs. On trouve dans les jardineries des liens souples garnis de mousse de plastique qui conviennent bien pour ce genre de ligatures.

Comblez ensuite le trou jusqu'à moitié, puis arrosez copieusement : ainsi, la terre sera en contact étroit avec les racines et ne laissera pas subsister de poches d'air. Finissez le remplissage en ménageant autour du tronc une cuvette destinée à recevoir l'eau d'arrosage. Vous pouvez incorporer dans la terre un drain, un tuyau en plastique de large diamètre, pour y verser l'eau des futurs arrosages. Pour finir la plantation, arrosez plus que copieusement.

Votre bouleau n'aura besoin que d'un peu d'eau pendant les périodes particulièrement chaudes et sèches. N'oubliez jamais qu'il est particulièrement sensible aux étés secs. Rustique, il ne réclamera plus d'autres soins.

QUEL BOULEAU ACHETER ?

Le pépiniériste apportera les réponses les plus avisées. Dans la plupart des cas, les jeunes arbres sont greffés sur *Betula verrucosa* et livrés en mini-mottes. Chacun se distingue des autres par un caractère original : sa forme, la couleur de son écorce, son port, sa parure d'automne...

Outre les espèces européennes, américaines ou asiatiques déjà citées, il en existe de nombreuses autres, plus ou moins sophistiquées, obtenues par sélection et surtout par greffage. On peut se les procurer chez des pépiniéristes spécialisés.

On connaît déjà *Betula albosinensis.* On pourra acquérir les deux variétés de cette espèce, *Betula albosinensis verrucosa,* à l'écorce

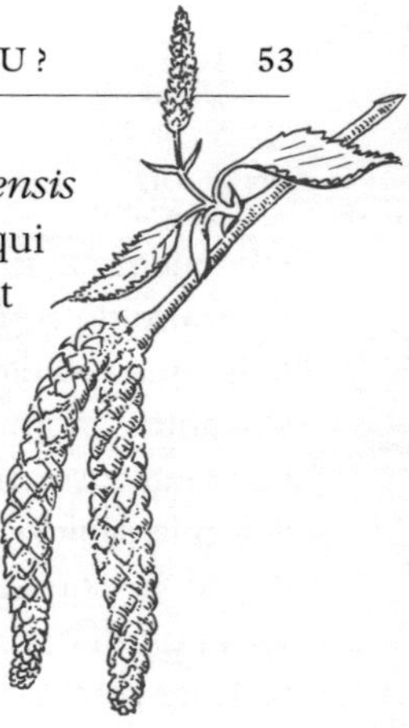

orangée, ou la variété *albosinensis septentri*, à l'écorce brillante qui rappelle le cuivre poli. On peut aussi planter *Betula verrucosa papyrifera* ou *Betula verrucosa nigra*, à l'écorce rouge noirâtre, l'arbre idéal à proximité d'une pièce d'eau. Comme son nom l'indique, *Betula verrucosa purpurea* se signale par un feuillage qui, de pourpre à l'éclosion des bourgeons, devient vert bronze à la belle saison pour s'empourprer de nouveau à l'automne. (Méfiez-vous quand même des trop chatoyantes couleurs des catalogues !)

Quant à *Betula verrucosa tristis*, il offre des rameaux nettement pleureurs ! Rapporté du Japon par le botaniste russe Maximowicz, et le plus souvent vendu en pépinière sous le nom de *Betula verrucosa maximowicziana*, ce bouleau a des feuilles qui se colorent en jaune à l'automne, alors que leurs nervures deviennent rouges.

Le bouleau de l'Himalaya, *Betula utilis*, présente la particularité d'avoir une écorce d'un blanc pur et un port plutôt pyramidal. C'est l'espèce exotique la plus communément vendue.

Pour les amateurs d'arbres originaux, *Betula verrucosa fastigiata* est un arbre recherché : ses rameaux très appliqués contre le tronc lui donnent un port fastigié, c'est-à-dire en forme de fuseau.

UN BOULEAU MINIATURE

Littéralement, un bonsaï est un arbre en pot, le contraire de ceux qui vivent en pleine terre. Sa taille très réduite ne dépasse pas cinquante ou soixante centimètres, mais il doit pourtant donner l'impression de pousser en pleine nature. Selon la philosophie orientale, un arbre cultivé en récipient est une véritable œuvre d'art vivante qui exprime l'harmonie entre le Ciel et la Terre, entre l'Homme et la Nature. On attribue l'invention du bonsaï à la dynastie chinoise

Pour réaliser vous-même votre bonsaï, choisissez le bouleau noir ou le bouleau verruqueux.

des Han, au IIe siècle av. J.-C. Au Xe ou XIe siècle, des moines bouddhistes auraient introduit l'art du bonsaï au Japon ; les Japonais en ont fait un véritable objet de culte. L'Exposition universelle de Paris, en 1878, puis celle de Londres, en 1909, firent découvrir les bonsaï à de nombreux Occidentaux.

Beaucoup de variétés d'arbres (érables, hêtres, épicéas, charmes…) se prêtent à la culture en *yose ue*, c'est-à-dire en forme forestière, une forme déterminée par le rassemblement dans une coupe plate de petits arbres, pour donner l'impression d'un bosquet ou d'une forêt. Le bouleau relève lui aussi de l'art du bonsaï et le bouleau verruqueux ou le bouleau noir se prêtent bien à la forme *yose ue*. Une forêt de neuf ou onze arbres miniatures – les Japonais n'aiment pas les nombres pairs – est assez facile à réaliser, même par un débutant, si l'on respecte quelques règles simples.

Le moment le plus propice à la réalisation d'un bonsaï est le début du printemps, avant l'éclosion des bourgeons, quand la plante supporte le mieux la taille énergique de ses racines.

En s'aidant d'un plan tracé sur une feuille de papier, il faut prévoir la position précise de chaque arbre. Selon les règles, l'arbre le plus important figure au premier plan, entouré de quelques autres en léger retrait. Le bosquet peut être divisé en plusieurs sous-groupes, pour obtenir la forme la plus naturelle possible. En principe, aucun arbre ne doit en cacher un autre : en matière de bonsaï, les espaces libres comptent autant que les arbres eux-mêmes, ils donnent au bosquet l'allure d'un véritable paysage.

Préférez des jeunes plantules issues d'une seule plante mère, elles auront les meilleures chances d'avoir la même vitesse de croissance, des feuilles identiques en taille et en couleur, et leur hérédité commune conférera au petit bosquet un caractère plus harmonieux. Les recueillir avec soin, sectionner la racine principale et rabattre les autres. Enrober ensuite les racines de chaque plantule d'une boule d'argile et de tourbe mélangées. Ces boules facilitent la mise en place des plants dans une coupelle au fond préalablement recouvert d'un filet en plastique, qui retient la couche de gravier de drainage. Remplir les vides de terre à bonsaï achetée toute préparée, recouvrir de mousse, arroser copieusement et garder un mois ou deux à l'abri des fortes chaleurs et des courants d'air. Le bonsaï pourra par la suite être exposé en plein soleil et ne nécessitera plus que les soins habituels à donner aux bonsaï.

V

LE BOULEAU, UN BOIS PLEIN DE RESSOURCES

De texture assez fine, le bois de bouleau est presque blanc. C'est un bois plutôt dur et relativement résistant. Comme il se travaille aussi bien à la main qu'à la machine, il a connu de nombreuses utilisations.

C'est d'abord un bois facile à dérouler, c'est-à-dire à transformer en plaques fines d'une épaisseur de l'ordre du millimètre, à l'aide d'une machine comparable à un énorme taille-crayons. Il sert alors à la fabrication des contre-plaqués. Dans beaucoup de pays nordiques et en Russie, on se sert fréquemment du bouleau dans le bâtiment, pour faire un contre-plaqué à âme d'épicéa. C'est d'ailleurs son utilisation essentielle, les troncs de bouleau étant pour la plupart trop peu volumineux pour servir à des fabrications en bois massif.

Si le bouleau n'est pas un bois d'œuvre recherché, ses qualités ont cependant suscité des usages qui, pour certains, ne manquent pas d'originalité.

LA CHAISE WINDSOR

Parce qu'il se prête bien au tournage, le bouleau est entré dans la composition d'une pièce de mobilier qui, fabriquée à des millions d'exemplaires, a joui d'une immense faveur en Angleterre, la fameuse chaise Windsor. Le siège était fait d'orme ou de chêne et les pièces cintrées du dossier d'if courbé à la vapeur ; les pieds étaient tournés dans du hêtre, du bois de fruitiers ou du bouleau et produits en série à domicile par les forestiers. Les pièces détachées étaient ensuite assemblées dans des ateliers ruraux, proches des forêts.

Hormis cet exemple célèbre, le bouleau est un bois rarement choisi pour fabriquer des meubles. Les colons français débarquant au Québec durent cependant s'adapter aux productions des forêts locales où le pin et le bouleau étaient particulièrement abondants. Dans ces régions, c'est plutôt un bouleau jaune *(Betula alleghaniensis)* qui est utilisé. Son tronc droit et cylindrique offre un bois qui se prête assez bien à l'ébénisterie.

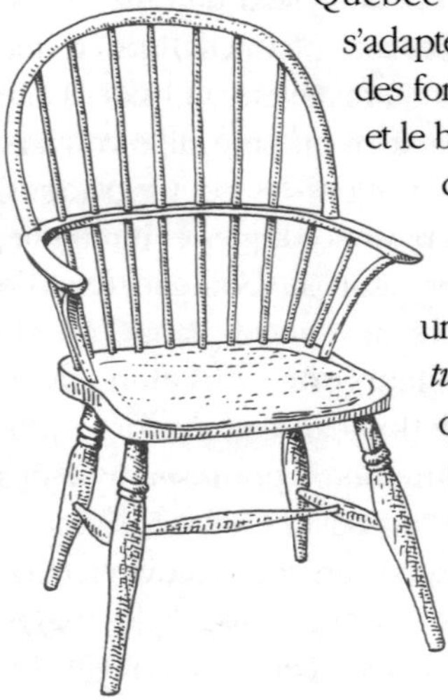

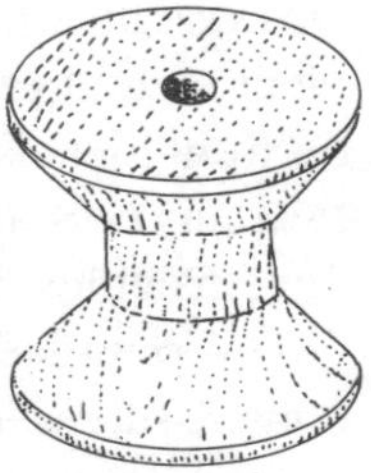

On a longtemps trouvé au Québec de très beaux meubles de bouleau, peut-être les seuls au monde, au style rustique hérité de celui des anciennes provinces françaises dont étaient originaires les colons.

Le bouleau servait aussi quelquefois à confectionner des caisses, des jouets et de nombreux objets ménagers – bobines, brosses ou cuillers.

DES TOITS, DES SKIS ET DES RAQUETTES

En Scandinavie, les murs des habitations furent pendant des siècles construits d'un savant assemblage de rondins de sapin. Ces arbres étaient d'abord écimés et séchaient deux ans sur place avant d'être abattus et utilisés. La toiture de ces maisons de rondins était constituée de planches recouvertes d'écorce de bouleau débordant les unes des autres pour assurer l'étanchéité, comme on le fait des ardoises en d'autres régions. Le tout était recouvert de mottes de gazon. Cette sorte de chaume épais protégeait de la chaleur l'été et, l'hiver venu, conservait la couche de neige qui se transformait en une couverture parfaitement isolante.

C'est sans doute dans les pays nordiques que les hommes "inventèrent" le ski pour se déplacer à travers les grandes étendues enneigées.

Des gravures paléolithiques scandinaves semblent en tout cas l'attester. A l'origine fabriqués en frêne, les skis étaient parfois faits en bouleau, un bois apte à supporter sans éclater les flexions et les coups.

Les populations d'Amérique du Nord ne connaissaient pas les skis mais savaient se confectionner des raquettes faites d'un cadre de bouleau tressé de lanières en peau de castor. La forme des raquettes variait selon l'état de la neige et chacune d'entre elles portait un nom évocateur : patte d'ours, queue de castor ou queue de morue…

DES CHAUSSURES, DES BOUGIES, DES COUTEAUX…

Dans les pays finnois, on fabriquait les *lapti*, des chaussures d'écorce de bouleau, et les moujiks russes portaient eux aussi des chaussures faites de ce matériau, qui servait encore à confectionner des vêtements et des couvertures pour les tentes des chasseurs de rennes ou de phoques. En Amérique du Nord, en Laponie et dans le Tessin, on s'éclairait avec des sortes de bougies faites de morceaux d'écorce de bouleau, enroulée en spirale.

L'utilisation de ce bois perdure aujourd'hui : les catalogues d'articles de chasse proposent à leurs lecteurs de luxueux couteaux finlandais à manche de bouleau et à lame gravée de motifs lapons. D'autres ateliers fabriquent de manière artisanale de magnifiques couteaux à lame d'acier forgé, à manche de bouleau, vendus dans un étui de cuir bagué de métal et cerclé de fourrure de renne. Il existe aussi des couteaux de pêcheur à manche de bouleau et à lame longue et fine, pour lever les filets de poisson ! L'industrie norvégienne n'est pas en reste : elle fabrique des couteaux à manche en bois de bouleau veiné, d'une chaude couleur ocrée, et à lame dite sandwich, c'est-à-dire en acier très dur enserré entre deux aciers plus souples.

Couteau norvégien

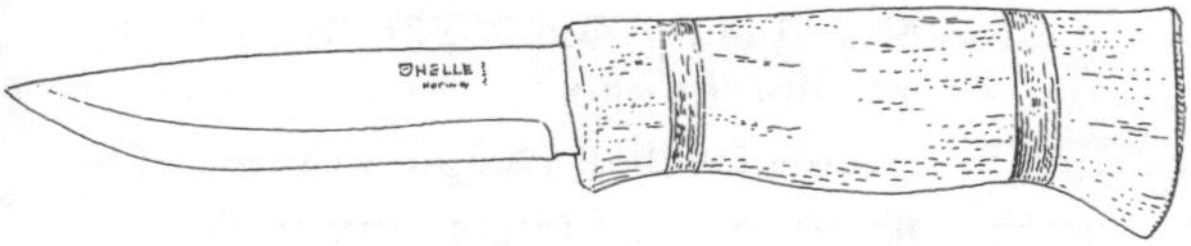

L'ARBRE DONT ON FAISAIT DES BALAIS...

Comme le genêt, le bouleau a autrefois constitué la matière première d'une curieuse industrie qui consistait à fabriquer des balais destinés entre autres utilisations au nettoyage des rues. En Sologne, cette activité connut un développement considérable : au début de ce siècle, la seule ville de Paris consommait annuellement plus de trois cent mille balais de bouleau, qu'elle faisait venir de cette région !

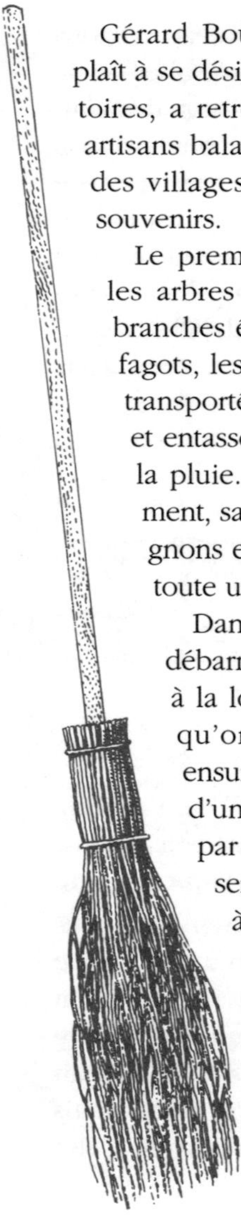

Gérard Boutet, écrivain et, comme il se plaît à se désigner lui-même, raconteur d'histoires, a retrouvé et interrogé les derniers artisans balaitiers, aujourd'hui à la retraite, des villages solognots et a évoqué leurs souvenirs.

Le premier travail consistait à écimer les arbres dès la chute des feuilles. Les branches étaient assemblées sur place en fagots, les "bourrées", qui étaient ensuite transportées près de l'atelier du balaitier et entassées dans un fagotier, à l'abri de la pluie. Tout devait sécher tranquillement, sans que s'y installent les champignons et la pourriture, qui gâtaient vite toute une récolte.

Dans l'atelier, chaque bourrée était débarrassée du bois pourri et débitée à la longueur désirée. Les rameaux, qu'on appelait "alettes", étaient ensuite assemblés sur un établi muni d'un cercle de fer souple actionné par une pédale, pour en assurer le serrage. Le talon était alors égalisé à la scie et maintenu avec un cerclage d'osier.

Peu à peu, la presse à pédale fut remplacée par un massicot, bien vite appelé "guillotine", qui pouvait combiner les deux opérations. A partir de cette époque, les liens d'osier, de noisetier ou de ronce furent eux aussi remplacés par du fil de fer directement venu des tréfileries de Vierzon. Les balais étaient livrés sans manche, la Sologne ayant la réputation de ne produire que des bois trop tordus ! Ils partaient par chemin de fer à Paris, *via* Orléans. Plus tard, la livraison s'effectua par camion.

> "Quand il approvisionnait la ville de Paris, le faiseur de balais devait respecter les normes de fabrication stipulées dans le cahier des charges : vingt-cinq centimètres entre les deux liens de fil de fer et aucune alette de diamètre supérieur à huit millimètres. Les paquets étaient inspectés et toute pièce litigieuse repoussée séance tenante. Les balais refusés restaient sur les bras du fabricant qui essayait de les brader à un grossiste, lequel grossiste n'en proposait évidemment que trois fois rien."
>
> GÉRARD BOUTET, *Les Gagne-Misère*
>

Dans sa maison de Sologne, mon arrière-grand-père passait consciencieusement chaque matin le balai de bouleau sur l'aire de terre battue devant les "toits" à lapins. Quand le balai était usé jusqu'au manche, il allait rejoindre les bourrées et les cotrets qui séchaient dans le bûcher. Son usage ultime consistait à allumer le feu dans la cheminée.

Ma profession m'a pendant quelques années quotidiennement entraîné à Paris. Signe des temps, des équipes de balayeurs en combinaison verte suivent maintenant chaque matin sur les trottoirs et sur les marchés d'impressionnantes bennes-arroseuses. Les balais de bouleau ont aujourd'hui disparu ; ils ont cédé la place à des balais de plastique aux branches vert fluorescent. J'ai toujours été surpris de constater que l'ustensile – en l'occurrence le balai –, a été tellement associé à son matériau, le bouleau ou le genêt, que l'objet nouveau a conservé, sans aucun impératif utilitaire justifié, sa forme originale !

… ET DES SABOTS

L'époque n'est pas si lointaine où, à la campagne, on portait encore des sabots de bois. En 1908, A. Mathey, dans son *Traité d'exploitation commerciale des bois*, décrivait ainsi les qualités respectives des bois aptes à la fabrication des sabots.

Différentes étapes de la fabrication…

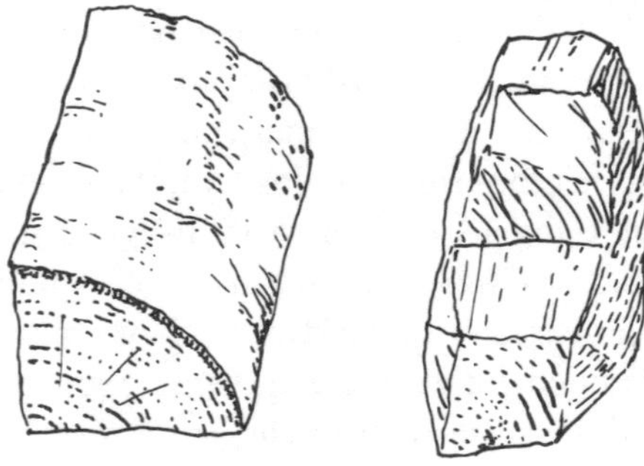

> “Le bouleau donne des sabots légers, chauds en hiver, frais en été, solides et résistants ; la Bresse n’en consomme guère d’autres. Les sabots d’aulne et de saule sont encore plus légers et plus doux au pied mais ils s’usent rapidement ; ceux de hêtre sont cassants et froids en hiver. Le noyer donne des sabots de luxe, élégants et d’une durée prolongée ; le pin sylvestre des sabots communs, lourds mais excellents pour affronter l’humidité et la neige : c’est la chaussure par excellence du Plateau central. Les sabots de peuplier noir conviennent aux mariniers et à ceux qui ont à marcher sur des surfaces humides et glissantes.”

En Sologne, l’industrie des sabots de bouleau fut longtemps florissante. Gérard Boutet nous raconte savoureusement qu’on y était généralement “chausseur de bois” de père en fils, et, dans de nombreux villages, la même famille de sabotiers “mordait le bouleau” de génération en génération.

… de sabots en bouleau

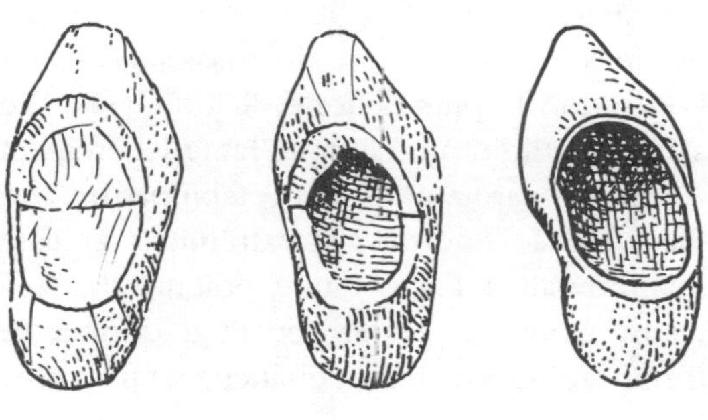

Jusqu'à la Grande Guerre, la fabrication des sabots était en Sologne entièrement artisanale. Les maîtres sabotiers vivaient au cœur des bois, parmi les bûcherons et les charbonniers, ils habitaient dans ces huttes qu'au pays solognot on appelle "culs de loup". Les sabots étaient taillés sur les lieux d'abattage. En fin de semaine, les maîtres sabotiers allaient de hameau en hameau pour proposer leur production. Après 1918, alors que les bras manquaient, les sabotiers s'équipèrent progressivement de machines. La production s'en trouva d'un coup accrue : on comptait que, d'un mètre cube de bois, on pouvait tirer cent cinquante paires de sabots.

Les grumes débardées de la forêt étaient d'abord transportées au village, au "chantier" proche de l'atelier du sabotier, pour être tronçonnées et débitées en billes de la longueur des différentes pointures. Le bois de bouleau était travaillé encore vert car il durcit en séchant. Chaque bille était ensuite fendue en quartiers avec une "épaule de mouton", une puissante hache à manche court. Chaque quartier passait ensuite au dégrossissage avant l'opération la plus délicate, le "bûchage". Le sabotier utilisait une longue lame légèrement courbe, le paroir, articulé à l'établi par un crochet fixé à l'une de ses extrémités, et il le manœuvrait à l'aide d'une poignée fixée à l'autre bout. Le paroir servait à donner sa forme au sabot. Puis l'ébauche était serrée dans un étau pour être creusée avec deux outils différents : la taraudière donnait la forme au talon du sabot, le creux, qu'on appelait la "bauge de lièvre", était façonné au vrillet. Le trou était ensuite élargi avec des cuillers de tailles différentes, pour parvenir exactement à la pointure désirée, et même à la forme exacte du pied du client, que le sabotier connaissait parfaitement. Au premier essai, les sabots devaient convenir.

> "Ses mouvements [du sabotier] devaient être nets, précis, sans repentir aucun. D'un regard il évaluait la juste mesure, la juste entaille, le juste effort. Le redoutable tranchant de ses outils interdisait la moindre étourderie car le tablier de cuir n'aurait guère protégé du geste malheureux. Le sabotier était homme de force et de modération, de rudesse et de minutie. Il connaissait trop la valeur des choses pour se permettre de brasser le vent ou de parler pour ne rien dire."

GÉRARD BOUTET, *Les Gagne-Misère*

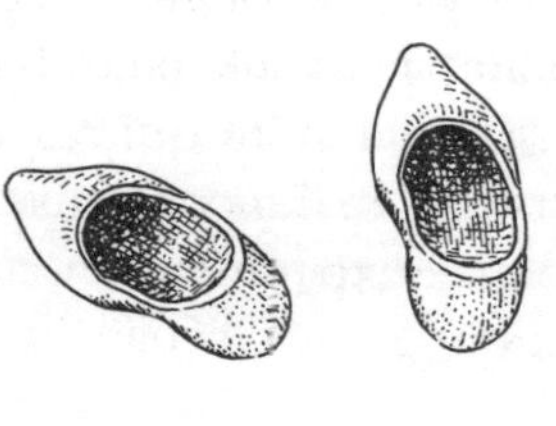

Il y avait, bien sûr, plusieurs modèles de sabots. Les plus nombreux étaient les sabots couverts, les “trous de lapin”. Plus cossus, les “coussins” se complétaient d’un dessus en cuir souvent récupéré sur la paire précédente. En hiver, on les garnissait de paille ou de vieux chiffons. Raffinement réservé aux femmes, leurs sabots étaient prévus pour être portés avec un mince chausson de feutre ou de laine.

J’ai souvenir d’un lointain parent faiseur de sabots, dans la grande rue du bourg solognot de mon enfance. La classe finie, nous laissions souvent traîner nos regards dans son atelier. C’était pendant l’Occupation, et les chaussures étaient aussi rares que les denrées alimentaires ! Nous portions habituellement des galoches à semelle de bois, mais une ou deux fois par an, à ses moments perdus, l’oncle nous confectionnait une paire de sabots. Un coup d’œil lui avait suffi pour évaluer notre croissance depuis la dernière paire et savoir aussitôt quelle pointure donner à la nouvelle. Avant que nous ne les étrennions, nos sabots neufs étaient renforcés aux semelles par des lanières de vieux pneus de bicyclette. Cette précaution ralentissait l’usure, mais ne garantissait pas des accidents. Gare à celui qui rentrait avec un sabot tout neuf malencontreusement éclaté par une pierre expédiée d’un coup de pied trop vigoureux !

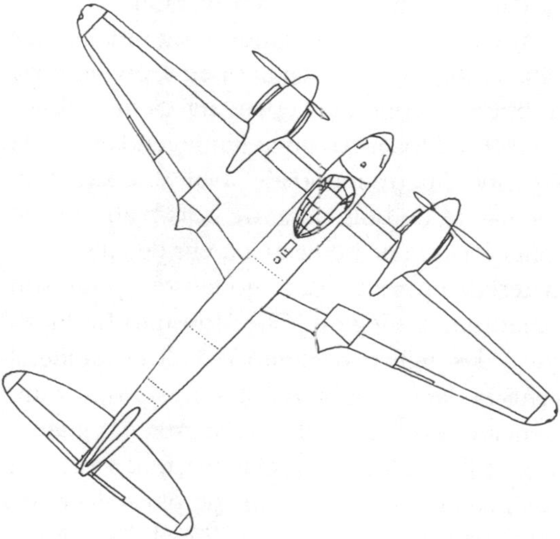

LE BOULEAU A LA CONQUÊTE DU CIEL

Il est difficile d'imaginer que le bouleau ait pu occuper une place dans la conquête de l'air. Et pourtant… Les premiers avions étaient faits d'une armature de frêne ou d'épicéa, un matériau bon marché, facile à travailler, à la fois souple et rigide et surtout assez léger, la principale qualité recherchée. Les diverses pièces étaient assemblées sur la carcasse par collage et boulonnage. Certaines des structures étaient recouvertes d'un contre-plaqué de bouleau, les autres de toile légère enduite de vernis. Voici donc comment le bouleau prit part aux premiers “pas” de l’aviation.

Après la Première Guerre mondiale, des métaux légers remplacèrent peu à peu le bois. Le bouleau continua cependant d’être utilisé : le célèbre Mosquito, un avion légendaire de la Seconde Guerre mondiale, avait une structure composite de bois durs, de bois blancs et de contre-plaqué de bouleau à cœur de balsa – un matériau apprécié des modélistes pour son extraordinaire légèreté. Le Mosquito fut fabriqué à des milliers d’exemplaires. Très rapide, il s’illustra dans d’innombrables missions, notamment au-dessus de l’Allemagne. Après la guerre, de nombreux Mosquito continuèrent à voler et équipèrent la flotte aérienne de plusieurs pays. On le retrouva en France, en République dominicaine, en Birmanie, en Israël, en Norvège, en Yougoslavie, en Turquie.

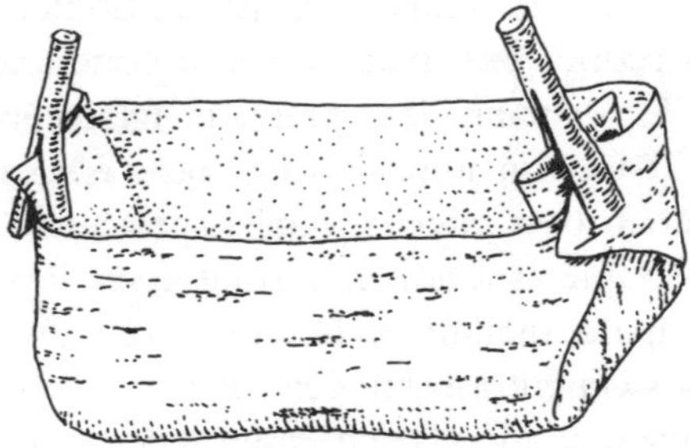

Panier à baies

LES INDIENS ET LE BOULEAU

> "On m'a dit qu'avant qu'on leur apportât des chaudières de France, ils faisoyent cuire leur chair dans des plats d'escorce, qu'ils appellent ouragana. Ie m'estonnois comme ils pouuoyent faire cela, car il n'y a rien si aisé à brusler que cette escorce. On me respondit qu'ils mettoyent leur chair et de l'eau dans ces plats, puis qu'ils mettoyent cinq ou six pierres dans le feu : et quand l'vne estoit toute bruslante, ils la iettoyent dans ce beau potage. et en la retirant pour la remettre au feu, ils en mettoyent vne autre toute rouge en sa place. et ainsi continuoyent ils iusques à ce que leur viande fût cuite."
>
> *Relations des jésuites, 1611-1635*

L'utilisation de l'écorce de bouleau par les Amérindiens avait en effet de quoi surprendre les Européens qui débarquèrent au Canada !

Si les artisans du Nouveau Monde ont poussé à la perfection le travail de l'écorce du bouleau, c'est parce que les propriétés de ce matériau sont exceptionnelles, tant pour la fabrication d'objets usuels que dans le domaine artistique.

La couche extérieure de l'écorce de bouleau se détache en plusieurs épaisseurs, en un fin papier teinté de jaune ou de blanc. Lorsqu'on fabrique des articles en écorce de bouleau, la face blanche est tournée vers l'intérieur de l'objet, de manière à en assurer l'imperméabilité. L'écorce de bouleau est en

LES CANOËS DES INDIENS

La caractéristique essentielle de l'écorce de bouleau est sa légèreté. C'est pourquoi les Indiens d'Amérique du Nord en fabriquaient pour se déplacer sur les rivières et les lacs. Chaque tribu indienne du Québec avait son modèle de canoë. Longs d'environ trois mètres cinquante, ils étaient propulsés à la pagaie et particulièrement adaptés à la navigation sur des cours d'eau rapides.
Ces embarcations, que les Indiens appelaient ut oohkwi, *devaient être solides, mais aussi légères, car il fallait souvent les porter à dos d'homme pour contourner des rapides ou pour passer d'un plan d'eau à un autre. Sans s'alourdir, les voyageurs pouvaient même embarquer des écorces de rechange pour effectuer des réparations en cas d'avaries pendant l'expédition.*
Les Indiens utilisaient le bouleau à papier (Betula papyrifera), *abondant sur leur continent, et choisissaient des arbres au tronc bien cylindrique et de gros diamètre. L'écorce était prélevée au printemps, quand l'abondance de la sève facilite le travail d'écorçage. Deux incisions circulaires et une incision verticale permettaient de détacher délicatement l'écorce du tronc. Dans la mesure du possible, le canoë était fabriqué d'un seul morceau d'écorce, rectangulaire, de la longueur de l'embarcation. Si plusieurs pièces devaient être assemblées, elles étaient cousues entre elles par des lanières de racines d'épinette ;*

les joints étaient enduits de la résine bouillie du même arbre. L'écorce dépliée était étendue sur un lit de sable et maintenue par des pierres pour qu'elle ne reprenne pas sa forme cylindrique initiale. Elle était également entaillée pour faciliter son cintrage et obtenir la forme de l'embarcation. Les membrures et les traverses étaient faites de cèdre de Virginie, bois léger et résistant à la pourriture. On taillait les bancs en bois de bouleau. Ces canoës d'une exceptionnelle légèreté avaient pour seul inconvénient de chavirer facilement. Ils figurent parmi les plus remarquables des embarcations d'écorce.

Des associations canadiennes tentent de préserver ce patrimoine culturel et de retrouver les techniques anciennes pour continuer d'en construire comme le faisaient autrefois les Indiens.

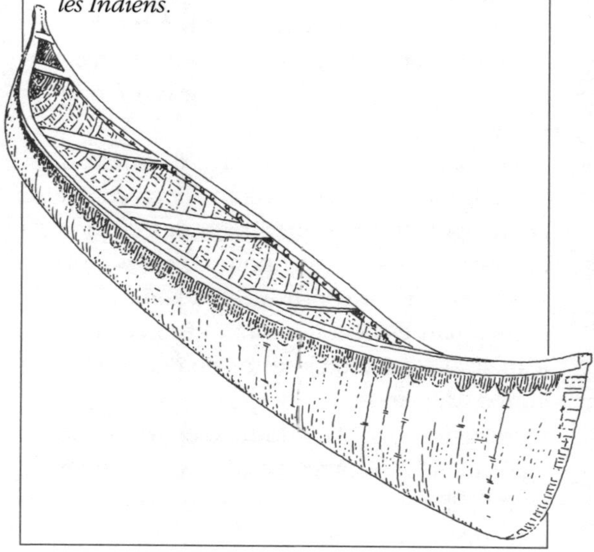

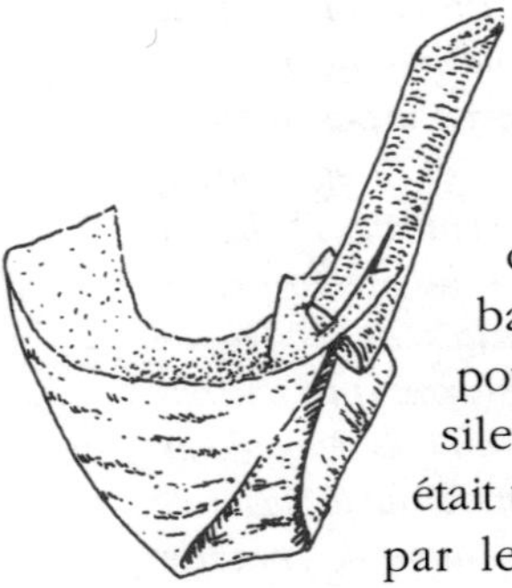

Récipient amérindien en écorce de bouleau, utilisé pour boire ou puiser de l'eau.

effet d'une étonnante étanchéité. Cette propriété répond merveilleusement aux besoins des fabricants d'embarcations, de récipients pour la récolte ou d'ustensiles de cuisine. L'écorce était travaillée, le plus souvent par les femmes indiennes, à l'aide d'un couteau pliant dont le manche fut longtemps tiré d'un andouiller de caribou, et qui est maintenant souvent fait de bois de bouleau. Les voyageurs ne s'encombraient donc pas de gamelles ni de chaudrons lourds à transporter, ils leur préféraient des récipients en écorce, très légers et que l'on pouvait au besoin fabriquer sur les lieux de campement.

Une autre qualité de l'écorce de bouleau est sa malléabilité. Elle peut s'enrouler en cornet, se cintrer pour former aussi bien des chaudrons que des canoës, se plier pour faire des paniers, se dérouler pour construire des abris.

Matériau esthétique enfin, l'écorce de bouleau se prête à toutes sortes de décors. On lui ajoute des motifs par gravure, raclage ou incrustation. Les Amérindiennes rehaussaient également les écorces de motifs de broderies, travaillés avec des piquants de porc-épic ou des crins de caribou.

V

L'ARBRE PANACÉE

ARBRE BLANC et essence de lumière, le bouleau occupe une place d'honneur dans la mythologie des arbres. Un peu partout dans le monde, il a toujours été considéré comme un symbole de pureté. N'était-il pas l'arbre de science, originaire du Nord, là où les hommes connaissent la magie ?...

L'ARBRE DE LA SAGESSE

Les Romains avaient-ils toujours en mémoire le souvenir de leurs anciennes expéditions au pays des Celtes ou chez les peuples nordiques, qui vénéraient le bouleau ? Toujours est-il qu'à Rome, le bouleau était considéré par les Latins comme "l'arbre des Gaules", que ses vertus étaient partout célébrées et que les licteurs, chargés d'escorter les magistrats importants dans leurs déplacements, étaient armés d'une hache entourée d'un faisceau de verges de bouleau.

Au Moyen Age, le bouleau fut encore l'objet d'une vénération particulière. Il jouissait même d'une réputation éducative originale et on l'appelait d'ailleurs "l'arbre de la sagesse" *(arbor sapientiae)*. Il pourrait en fait figurer parmi les ancêtres du martinet de notre enfance ou du sinistre chat à neuf queues. En effet, ses jeunes branches, très souples, fournissaient les verges utilisées par les maîtres d'école de l'époque pour imposer la discipline aux écoliers dissipés ou pour donner le goût de l'étude aux élèves récalcitrants !

Les verges de bouleau avaient également la réputation de calmer les agités, les délinquants et les aliénés.

Dans certains récits de la quête du Saint-Graal, il était l'arbre des morts. Né d'un rameau qu'Eve aurait cueilli avec le fruit défendu et qu'elle aurait planté, il fut d'abord un arbre tout blanc, "portant souvenance de douleur". Il devint vert quand Eve devint mère, puis vermeil après le meurtre d'Abel. Mais la vie triomphe toujours de la mort, et le bouleau est alors arbre de vie, symbole de printemps, de jeunesse et de pureté virginale.

En Scandinavie, il arrivait parfois que l'hiver se prolonge plus que de coutume et que le printemps tarde à venir. On allait alors cueillir quelques rameaux de bouleau que l'on plaçait à l'intérieur des habitations, dans des vases remplis d'eau. La chaleur des maisons faisait éclore les bourgeons et l'on avait l'impression que le printemps était enfin arrivé. Ces quelques bouquets de bouleau aidaient joliment à prendre patience.

Selon une légende germanique, une sorcière, qui avait entraîné une bergère dans une danse effrénée trois jours durant, lui donna en récompense des feuilles de bouleau qui se transformèrent en autant de pièces d'or.

Toute la Sibérie vénérait également le bouleau, arbre de la guérison et de la prospérité. Le bouleau ne donne pas de rejets et ne peut renaître de lui-même. Toute sa vitalité et tout son pouvoir reproducteur se concentrent donc dans ses fruits, qu'il abandonne au vent. Les chamans l'escaladaient au cours de leurs transes pour entrer dans le séjour des dieux.

De nos jours, en Scandinavie notamment, les branches de bouleau continuent de servir en application externe, mais de manière moins traumatisante qu'au Moyen Age. On s'en sert, après une séance de sauna, pour se fouetter les membres, non plus pour chasser les mauvais esprits, mais pour activer la circulation du sang et éliminer les toxines.

L'ARBRE COMESTIBLE

Dans les pays nordiques où il est abondamment répandu, le bouleau était autrefois considéré comme un arbre miraculeux. En plus des utilisations artisanales auxquelles il se prêtait, il suscitait d'innombrables utilisations alimentaires et médicinales.

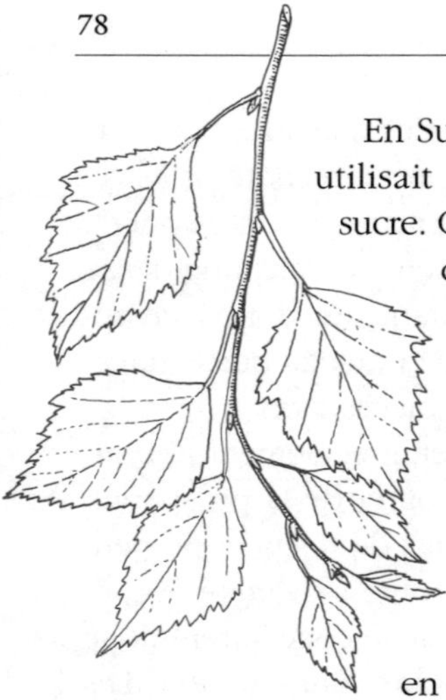

En Suède et en Laponie, on utilisait sa sève en guise de sucre. On peut facilement procéder à l'extraction de cette "liqueur", que les anciens appelaient "eau de bouleau". Il suffit de couper une grosse branche, au printemps, et d'y ligaturer une bouteille d'eau minérale en plastique. En une journée, la sève qui s'écoule remplit le récipient d'un liquide incolore, très pur, à la saveur délicatement acidulée. Cette sève diluée dans l'eau peut se conserver plusieurs mois au réfrigérateur sans s'altérer.

Fermentée, l'eau de bouleau devient une sorte de boisson pétillante comme du cidre, qu'on buvait autrefois dans les pays scandinaves.

On assure également qu'en Russie, certaines peuplades tiraient du bouleau une sorte de pâte comestible qui aurait été mêlée au caviar ! On dit aussi qu'aux époques de disette, on y fit même du pain et des flans avec de la farine de bouleau. Cet aliment de secours aurait assuré la survie de bien des populations villageoises affamées.

L'ARBRE NÉPHRÉTIQUE

Si elles appartiennent maintenant pour l'essentiel au passé, les vertus thérapeutiques du bouleau ont été largement mises à profit à partir du Moyen Age.

Dès le milieu du XVIe siècle, le médecin siennois Matthiole en souligne les effets diurétiques et l'appelle "l'arbre néphrétique". Il écrit en 1565 :

> "Si on perce le tronc du bouleau avec une tarière, il en sort une grande quantité d'eau, laquelle a grande propriété et vertu à rompre la pierre tant aux reins qu'en la vessie si on continue d'en user. Cette eau ôte les taches du visage et rend la peau et la charnure belles. Si on s'en lave la bouche, elle guérit les ulcères qui sont dedans."

Plus tard, le médecin alchimiste Van Helmont (1577-1644) confirme que

> "la sève qui s'écoule du tronc au printemps est un remède efficace de la lithiase rénale dont il calme les douleurs et les spasmes".

Plus près de nous, le baron Pierre-François Percy, chirurgien militaire des armées de Napoléon, assure :

> "Dans tout le nord de l'Europe, à commencer par nos départements du Rhin jusqu'à la Russie la plus septentrionale, l'eau de bouleau est l'espoir, le bonheur et la panacée des habitants, riches et pauvres, grands et petits, seigneurs et serfs."

Comme ses prédécesseurs, il lui reconnaît une grande efficacité dans le traitement des maladies de la peau, des affections rhumatismales et urinaires.

Des ethnologues qui ont effectué des recherches en Amérique du Nord ont même avancé que l'écorce de bouleau pourrait également posséder des propriétés antiseptiques. Ce serait pour cette raison que la nourriture des Indiens s'y conservait sans se gâter.

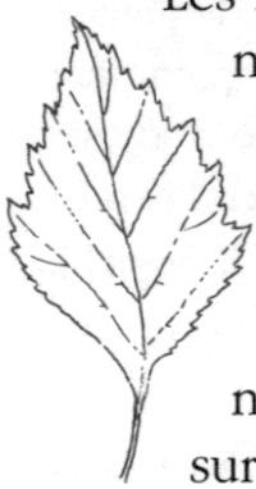

Les feuilles de bouleau, riches en saponines et en tanins, furent l'un des meilleurs diurétiques, utilisé en cas de coliques néphrétiques, goutte, rhumatismes, albuminurie et hydropisie. La réputation ancienne d'"arbre néphrétique" du bouleau, qui reposait sur des observations populaires, semble plus que confirmée par la recherche pharmaceutique actuelle.

Sous forme de bain, le bouleau est également un excellent traitement des maladies de la peau et s'avère très utile contre les eczémas, dartres, furoncles, érythèmes... On fait alors une décoction de feuilles, à raison d'une poignée pour deux litres d'eau, qu'on ajoute à l'eau du bain.

Les bourgeons et l'écorce sont aussi réputés pour leurs propriétés curatives. Les bourgeons du bouleau renferment une huile volatile, dont on utilisait les vertus cholérétiques pour traiter les affections du foie et de la vésicule biliaire.

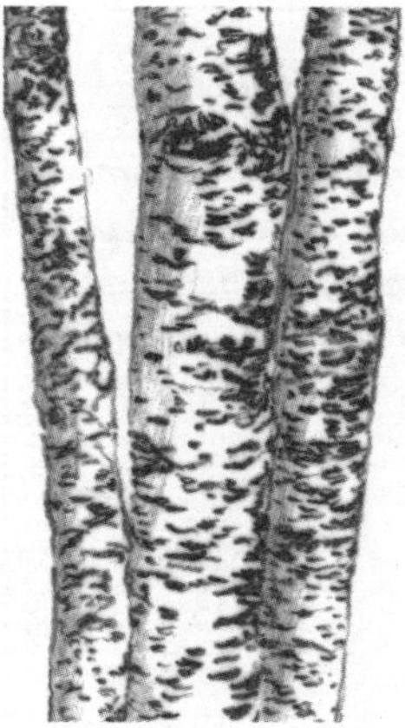

L'écorce contient un camphre spécifique, le bétulinol, et un glucoside, le bétuloside dont les vertus fébrifuges ont autrefois été employées contre les fièvres intermittentes.

L'industrie cosmétique fait elle aussi appel au bouleau qui entre dans la composition de plusieurs lotions et onguents capillaires. Elaboré à partir du goudron de bouleau utilisé pour le traitement des cuirs, le parfum très particulier “Cuir de Russie” fut autrefois très apprécié.

Les adeptes des médecines douces et de l'homéopathie utilisent encore de nos jours le bouleau.

On peut le prendre en infusion à raison de trente à cinquante grammes de jeunes feuilles par litre d'eau. Boire trois à cinq tasses par jour, à titre de boisson, pendant les repas ou au cours de la journée.

Comme on fait un vin de pêche ou de cerise, on peut préparer un apéritif de bouleau. Prendre cinquante à soixante grammes d'écorce et quelques jeunes branches, les laisser macérer pendant huit à dix jours dans un litre de vin rouge. Il suffit ensuite de filtrer et d'édulcorer avec du sucre ou du miel, selon le goût.

POUR VOUS SOIGNER AVEC LE BOULEAU

Voici une recette d'une tisane antirhumatismale, sédative des douleurs provoquées par les crises de goutte et les rhumatismes, dépurative, diurétique, cholagogue, et qui avait aussi une action efficace sur l'élimination de l'acide urique :

Racines de persil	20 g
Bardane	15 g
Bouleau	15 g
Pensée sauvage	15 g
Frêne	20 g
Bourdaine	15 g
Prêle	20 g
Baies de genévrier	40 g
Menthe	20 g

Mélanger intimement les plantes finement hachées. Doser à raison de trois pincées par tasse. Faire une cure de quinze jours à trois semaines en buvant une tasse de cette infusion après chaque repas et le matin au lever.

On connaît aussi ce vieil apozème qu'on disait souverain et qui aurait fait ses preuves dans le traitement des maladies du foie et de la vésicule biliaire, ainsi que contre les affections intestinales :
Epine-vinette, bouleau, genévrier et absinthe. Cinq grammes de chaque plante pour un litre de tisane, à prendre quatre à six fois par jour.

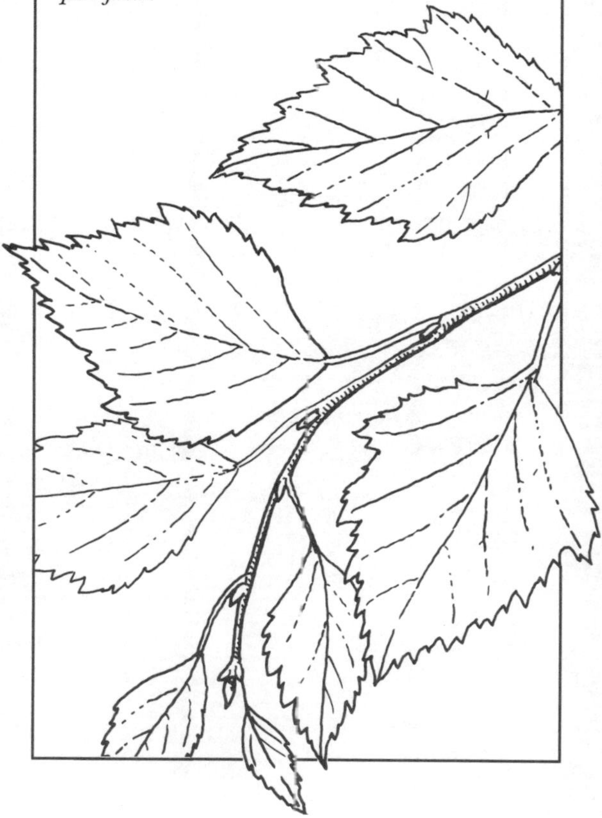

VII

DES NOMS ET DES ARBRES

NOS LOINTAINS ANCÊTRES, particulièrement bien adaptés à leur environnement, portaient un grand intérêt aux animaux et aux arbres. L'importance de la place occupée par les arbres dans leurs pensées et leur affectivité s'est traduite dans leur langage et dans les qualités ou les pouvoirs qu'ils attribuaient aux espèces. Chaque arbre avait ainsi sa "spécialité" : le sorbier était réputé pour éloigner les sorcières, le sureau, appelé "arbre de Judas", portait malheur, l'if symbolisait la vie et la mort, le saule était signe de deuil ou d'amour perdu, le pin indiquait la fertilité.

Les arbres étaient souvent objets de rites sacrés : les Chinois vénéraient le ginkgo, les Athéniens l'olivier, les Gaulois le chêne. L'Antiquité consacrait encore le hêtre à Jupiter et le laurier à Apollon. Les Grecs et les Romains voyaient même dans les arbres des êtres sacrés habités par des personnages

mythiques, appelés nymphes ou dryades. On ne pouvait abattre l'arbre que lorsque les prêtres avaient assuré que la dryade qui s'y logeait l'avait quitté.

Au XVIe siècle, Ronsard a continué de développer ce thème dans les Elégies ; sa "Supplique aux bûcherons de la forêt de Gastine" est célèbre :

"Ecoute, bûcheron, arrête un peu le bras.
Ce ne sont pas des bois que tu jettes à bas ;
Ne vois-tu pas le sang lequel dégoutte à force
Des nymphes qui vivaient dessous la dure écorce ?"

La plupart des noms actuels des arbres proviennent des langues anciennes parlées dans des pays où la forêt était présente. Ainsi le nom français actuel du bouleau est-il issu du latin classique *betula* et du latin vulgaire *betullus*, empruntés à un mot de souche gauloise, *beto*.

En France, nombre de familles, de villages, de hameaux ou de lieux-dits doivent leur patronyme à des arbres. Le chêne (*quercus* en latin), très représenté dans la toponymie française, est à l'origine des innombrables Le Chesnoy, Quesnay, Le Quesne... Le hêtre (*fagus* en latin) a donné Faye, Fages, Fay, Le Faou. On ne compte plus les Castanède, Châtenois, Châtenay, Chassenay ou Casseneuil, issus du châtaignier, et l'orme (*ulmus* en latin) a donné naissance à L'homme, et parfois à L'homme mort, à Lormes ou à Homps, tandis que l'aulne (verne en gallo-roman) donnait les nombreux Verneuil et Aulnay ou Aulnoy...

Quelques toponymes, moins nombreux, ont cependant comme origine certaine le nom du bouleau : il s'agit des Boul, Bellay, Belloy, Beuley, Biollet, Boulay… dans les pays de langue d'oïl, et des Bessat, Bessay ou Besseyre dans les pays de langue d'oc. En latin

LE BOULEAU EST-IL VOTRE ARBRE TUTÉLAIRE ?

Si vous êtes né un 24 juin, le bouleau est votre arbre de naissance, celui auquel vous pouvez vous identifier. L'arbre de lumière des Celtes occupe un seul jour sur leur calendrier (comme le chêne, le hêtre et l'olivier), le troisième après l'arrivée de l'été. Arbre pionnier, arbre à tout faire, le bouleau s'adapte facilement et se prête à de multiples usages. Il est l'arbre des froides régions boréales éclairées par le soleil de minuit, son écorce s'enflamme facilement même par temps pluvieux, les scouts le savent bien qui l'utilisent alors pour allumer leurs feux de camp, son bois dégage en brûlant une flamme claire et vive. L'éclat de son écorce argentée et les chaleureuses tonalités de son feuillage automnal confortent cette image, mais il dépérit sitôt qu'un concurrent le prive de cette lumière qu'il dispense si généreusement. Les natifs de cet arbre se caractérisent par leur naturel et leur vivacité, physique, affective et intellectuelle ; non dépourvus d'ambition, ils savent pourtant raison garder et leur intelligence intuitive les aide à rester modestes avec lucidité. Certains peuvent être tyranniques, voire égoïstes, mais ils restent l'exception. Et les déceptions ne découragent que rarement des bouleaux spontanément serviables, qui n'attendent en retour de leur entourage qu'un zeste de gratitude et un peu réciprocité.

D'après Michaël Vescoli, auteur du Calendrier celtique

vulgaire, *bettius* désignait une plantation de bouleaux et a donné *bès*, ou plus anciennement *bez*, en langue méridionale. Ce mot s'est souvent transformé en Bessède.

L'époque néolithique, la dernière de la préhistoire, fut celle d'importants progrès technologiques. Pour leur donner davantage d'efficacité, les hommes apprirent à emmancher leurs outils et leurs armes. Les premières poteries d'argile datent de la même époque. Pour réaliser les assemblages bois-pierre et consolider les ligatures, mais aussi pour réparer les pots fêlés ou brisés, les hommes utilisaient un goudron obtenu à partir de la distillation du bois. Le bouleau, présent dans toutes les forêts celtiques, était largement utilisé et des analyses chimiques ont révélé des traces de ce "goudron de bouleau" sur de nombreux vestiges.

Le bouleau s'appelait *beith* en langue celtique, *betu* ou *beto* en gaulois et Pline l'Ancien rapporte que les Gaulois appelaient *bitumen* le goudron qu'ils fabriquaient avec le bouleau. Il ne faut pas chercher ailleurs que dans le bouleau l'origine du mot "bitume", qu'il désigne de nos jours les goudrons naturels du sol ou les revêtements routiers.

Plus tard, en ancien français, le mot *bitumen* évolua pour devenir *betun*. Au Moyen Age, *betun* désigna d'abord, et par analogie, la boue en train de se solidifier, sa consistance étant proche de celle du goudron, puis un matériau de construction constitué de boue et de graviers mêlés. C'est donc curieusement à nos lointains ancêtres celtiques et gaulois ainsi qu'au bouleau qu'il convient d'attribuer l'étymologie d'un matériau moderne, mélange de mortier et de pierres concassées, dont sont fabriqués nos immeubles aujourd'hui, et qui n'est autre que... le béton !

Souhaitons pour conclure que le béton ne prive pas les générations futures du plaisir de voir vivre un arbre ou une forêt, qu'il s'agisse de bouleaux ou d'autres essences.

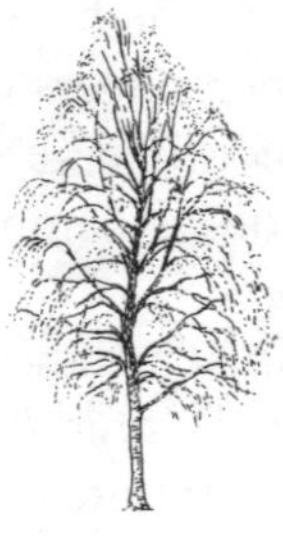

LES MOTS DU BOULEAU

Apozème : décoction de substances végétales.

Aubier : bois clair et tendre situé entre l'écorce et le cœur de l'arbre.

Bille : pièce de bois tirée d'un tronc d'arbre et qui n'a pas encore été travaillée.

Chaton : certains arbres – les Fagales, en particulier – ne portent pas de fleurs formées d'une corolle de pétales colorés, mais des sortes d'épis verdâtres, dont certains sont mâles et d'autres femelles.

Cholérétique (du grec *cholé*, la bile) : qui favorise la sécrétion de la bile, à l'inverse de cholagogue, qui favorise son évacuation.

Décoction : la décoction est obtenue en faisant bouillir des plantes dans l'eau pour en extraire les constituants solubles. L'infusion consiste à faire tremper les plantes dans un liquide très chaud ou porté à ébullition, alors que la macération est obtenue en faisant tremper les plantes dans l'eau froide.

Elagage : action de couper les branches.

Entomologiste : spécialiste de l'étude des insectes.

Exfolier : détacher par feuilles ou par minces lamelles. L'écorce du bouleau s'exfolie facilement.

Fébrifuge : qui fait tomber la fièvre.

LIGNEUX : qui a la consistance du bois. La lignine est la matière qui donne la rigidité au bois.

MÉLANISME (du grec *mélanos*, noir) : coloration anormalement foncée de la peau.

MONOÏQUE : une plante monoïque possède des fleurs mâles et des fleurs femelles séparées, mais réunies sur le même pied, à la différence des plantes dioïques, dont les fleurs mâles et les fleurs femelles sont réparties sur des pieds différents.

LENTICELLE : petite tache à la surface de l'écorce des arbres, dont la forme rappelle celle de la lentille.

MÉDULLAIRE : par analogie avec la moelle, qui forme la partie centrale d'un organe.

PLEUREUR : dont les branches retombent vers le bas. Chacun connaît le saule pleureur. On sait aussi "fabriquer" de nombreuses autres espèces au port pleureur, à l'effet décoratif recherché : le frêne, le cèdre, le bouleau…

SÉDATIF : qui calme (la fièvre, la toux…).

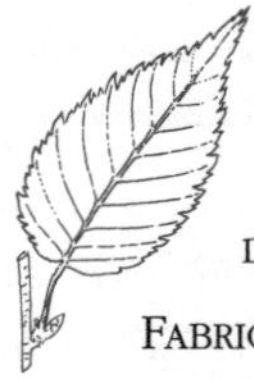

LES LIVRES DU BOULEAU

Avions de la Deuxième Guerre mondiale, Hachette.

Fabrice Bardeau : *La Pharmacie du bon Dieu*, Stock.

Roger Blais : *La Forêt*, Presses universitaires de France.

Marcel Bournerias, Christian Bock : *Le Génie végétal*, Nathan.

Gérard Boutet : *Les Gagne-Misère*, Jean-Cyrille Godefroy éditeur, 1986.

Jacques Brosse : *Atlas des arbres de France et d'Europe occidentale*, Bordas.

Jacques Brosse : *Les Arbres de France, histoires et légendes*, Plon, 1987.

Catalogue des grandes pépinières bressanes, pépinières Mainaud

Catalogue des pépinières Hardy Jacques

Pierre Deffontaines : *Géographie universelle*, Larousse.

Raymond Durand : *L'Arboretum national des Barres*, ACENITEF, 1984.

Bernard Fischesser : *La Vie de la forêt*, Horizons de France.

René Garrus : *Etymologie surprise*, Belin.

Maurice Genevoix : *Forêt voisine*, Flammarion, 1933.

André Guillaumin, Fernand Moreau, Claude Moreau : *La Vie des plantes*, Larousse.

LUCIEN GUILLOT, PIERRE GIBASSIER : *Le Nom des plantes*, Que sais-je ?, Presses universitaires de France, 1967.

MARCEL JACAMON : *Guide de dendrologie (arbres, arbustes, arbrisseaux des forêtes françaises)*, ENGREFF-Nancy, 1987.

PAUL LESNIEWICZ : *Bonsaï, arbres miniatures*, Verlag Bonzai Centrum, Heidelberg, 1978.

JEAN-NOËL MOURET : *L'Univers des couteaux*, Solar.

JEANNE REMINGTON : *Les Insectes du monde*, Delachaux et Niestle, 1975.

PAUL SCHAUENBERG, FERDINAND PARIS : *Guide des plantes médicinales*, Delachaux et Niestle.

CYRIL SIMARD, MICHEL NOËL : *Artisanat québecois*, Les Editions de l'Homme, Montréal.

Cet ouvrage
a été achevé d'imprimer
en février 2013
par l'Imprimerie Floch
à Mayenne
pour le compte
des éditions Actes Sud
Le Méjan,
place Nina-Berberova
13200 Arles

Dépôt légal
1re édition : mars 2013
N° impr. : 84195
(Imprimé en France)